Potencia TU LADO LUMINOSO

OTROS TÍTULOS DE KEILA SHAHEEN

El diario de tu sombra

El diario de la chica con suerte

El diario del 369

The Vibrational Poetry Book

Potencia
TU LADO LUMINOSO

Una guía para descubrir tus fortalezas y cumplir tus propósitos

Keila Shaheen

Traducción de
Tamara Arteaga y Yuliss M. Priego

PRIMERO SUEÑO PRESS

ATRIA

Nueva York Ámsterdam/Amberes Londres
Toronto Sídney/Melbourne Nueva Delhi

ATRIA
Un sello de Simon & Schuster, LLC
1230 Avenida de las Américas
Nueva York, NY 10020

Primera edición en rústica de Primero Sueño Press/Atria Paperback, mayo 2026

Publicado originalmente por Simon & Schuster, LLC, en inglés bajo el título *The Light Work Journal*

PRIMERO SUEÑO PRESS / ATRIA PAPERBACK y su colofón son marcas registradas de Simon & Schuster, LLC

Impreso en los Estados Unidos de América

1 3 5 7 9 10 8 6 4 2

Datos del Catálogo de la Biblioteca del Congreso se han solicitado

ISBN 978-1-6680-7005-5 (pbk)
ISBN 978-1-6680-7069-7 (ebook)

DESCARGA *la* APLICACIÓN ZENFULNOTE

ESCANEA AQUÍ

DONDE LA TECNOLOGÍA SE UNE A LA TRANSFORMACIÓN INTERIOR

- Registra los detonantes y los destellos
- Conecta con tus sentimientos
- Localiza tus sombras
- Consignas para tu diario
- Ejercicios y meditaciones

DECLARACIÓN *de* INTENCIÓN

Yo, ___________________________, juro hoy honrar la luz en mi interior. Reconozco que soy un ser humano con profundidad, complejidad y capacidad para crecer y me comprometo a aceptar a todo mi ser, tanto la luz como la oscuridad. Prometo alimentar y expresar mis dones innatos con autenticidad y compasión, usando mi luz para sanar, crear e inspirar a otros por el bien de la humanidad. Elijo celebrar todos los aspectos de mi ser y vivir plenamente con la verdad de quién soy.

____

FIRMA

____

FECHA DE INICIO

____

FECHA DE FINALIZACIÓN

Z

Prólogo de la Dra. Connie Zweig

Autora de *Encuentro con la sombra: El poder del lado oscuro de la naturaleza humana*, *Vivir con la sombra: Iluminando el lado oscuro del alma*, *Meeting the Shadow on the Spiritual Path*, *The Inner Work of Age*

La danza entre la luz y la oscuridad

PARA POTENCIA TU LADO LUMINOSO DE KEILA SHAHEEN

El elocuente poeta Robert Bly escribió sobre la luz y la sombra de la siguiente forma:

> *Cuando contábamos con uno o dos años de edad teníamos lo que podemos visualizar como una personalidad de 360 grados. La energía irradiaba desde todo nuestro ser como una esfera viva de energía.*
>
> *Pero un día vimos que a nuestros padres no les gustaban ciertas partes de esa bola. Decían cosas como: «¿No puedes estarte quieto?».*

Cargamos con una mochila invisible a nuestra espalda y las partes de nosotros que a nuestros padres no les gustaban terminaron ahí metidas. Para cuando empezamos a ir al colegio, esa mochila tenía un tamaño considerable. Y entonces nuestros profesores nos decían: «Los niños buenos no se enfadan». Así que también guardamos nuestra ira en la mochila y nos volvimos niños buenos.

Aquello continuó en la secundaria, donde nos presionaban para que nos conformáramos. ¿Sueñas con ser artista, pero te obligan a jugar al fútbol para ser uno más del grupo? Tu talento artístico se oculta en la sombra y tu esfera se contrae. ¿Sueñas con encontrar novio, pero se burlan de ti por el tamaño de tus pechos? Las críticas sobre la apariencia física emergen y tu brillo femenino se atenúa. Bly concluye:

De aquella esfera plena y redonda de energía, el joven de veinte años termina quedándose solo con una pequeña rebanada. Luego conoce a una joven y ella también conserva solo una delgada porción de esa misma plenitud. Y a esa unión se le llama matrimonio.

Así, en el inevitable proceso de crecer, nuestra luz, nuestro yo espiritual, se va atenuando hasta convertirse en la sombra, en el inconsciente personal. Perdemos fragmentos de nuestro brillo innato, de nuestra conciencia expandida y de nuestra luminosidad inherente. Nos encogemos, nos hacemos más silenciosos y ocupamos menos espacio. Puede que eso haga sentir más cómodos a nuestros padres, pero comenzamos a vivir dentro de una persona limitada y perdemos nuestra autenticidad con tal de ser amados, adaptarnos y conformarnos.

Carl Jung, que acuñó el término **«sombra»**, creía que el desarrollo humano incluía el recuperar una conexión con nuestro ser, ese centro transpersonal que Keila Shaheen denomina como la **«luz»**.

Bly escribió: «*Estamos hasta los veinte años decidiendo qué partes de nosotros metemos en la mochila y pasamos el resto de nuestra vida tratando de sacarlas de nuevo*».

Cuando comprendemos este proceso, vemos que trabajar con la sombra es lo mismo que trabajar con la luz, y viceversa.

Este trabajo interior tiene por objetivo centrarnos y regresar a nuestra verdadera forma de ser. Cuando una de esas partes saboteadoras de la sombra nos controla, contrayendo nuestras energías y llenando nuestras mentes de ruido, perdemos el contacto con nuestro centro de luz. Cuando reconocemos esa sombra o aprendemos a establecer una relación consciente con ella, podemos regresar a nuestro ser y la bola de luz se expande.

Así que, por esta razón, trabajar con la sombra es un avance en el proceso de completarnos, y hacerlo con la luz es el siguiente paso para sacar a nuestro yo radiante de la sombra.

La danza entre la luz y la oscuridad es algo continuo en la vida de las personas: en hábitos de comportamiento, relaciones, creencias, política y comunidades religiosas y espirituales. Sin todo ese trabajo, permanecemos ignorantes y vivimos sumergidos en la esperanza y las posibilidades, privados de una conexión más profunda con el poder oculto de la dualidad de la naturaleza humana. Sin ese trabajo iluminador, podemos perdernos en los túneles de la oscuridad y permanecer ajenos a quiénes somos en realidad.

Querido lector:

Te doy la más cálida bienvenida a este libro. Te servirá de compañero en una etapa transformadora y valiente de tu vida. Al escoger este libro y leer sus palabras, estás respondiendo a una llamada. Una llamada para reclamar tu fuerza interior, tu sabiduría innata y tu conciencia consciente y plena. Si alguna vez has sentido que te malentendían o no te veían; si has pasado por épocas en las que tu brillo se había atenuado y no sabías explicar por qué; si sabes que tienes dones en tu interior, pero no estás seguro de cómo confiar plenamente en ellos ni tampoco alimentarlos; si has perdido antiguas versiones de ti y sientes la llamada de algo más honesto o más vivo, entonces estás justo donde tienes que estar.

Lo que más importa es lo que empieces a crear a partir de este momento. El pasado ya no es tu hogar. Es un milagro que estés aquí y ahora y reconozcas los pasos que te han traído hasta este punto. El camino que se extiende frente a ti se moldeará a través de tu conciencia, de la dirección de tu energía y de tu fuerza de voluntad. Estos son los músculos que fortalecerás con *Potencia tu lado luminoso.*

Tienes la oportunidad al alcance de la mano, al igual que el director de una orquesta. No en el sentido de comprender o de controlar cada detalle, sino de dirigir la corriente. Cualquier cosa puede suceder. El milagro no es simplemente que estés aquí, sino que sigas tomando decisiones y dirigiendo tu vida. Cuando eliges con intención y propósito, sucede algo extraordinario.

Eres capaz de infundir energía y fortalecer la vida en los mismos lugares en los que la oscuridad había prevalecido anteriormente. *De eso trata el trabajo iluminador.*

El verdadero ejercicio es recordar esto. Y hacer esto una y otra vez, con el mismo ritmo de un mantra, es lo que te devolverá a la luz. Esta práctica trata de regresar a tu verdadero yo y del arte de vivir de forma consciente.

La consciencia no es ejercer control sobre tu vida, sino rendirte al conocimiento. Este conocimiento se cultiva construyendo una relación fuerte con tu verdadero ser. Al hacerlo, reconectas con tu autoridad interior y, gracias a una claridad cristalina, pasas de la desorientación a la dirección, de la fragmentación psíquica a la integración y de la sombra a la luz.

Tu **luz** es lo que le muestras al mundo. Es tu nombre, expresión, energía y presencia. En términos psicológicos, esa expresión externa a menudo está moldeada por el ego. Me gustaría hacer una pausa aquí para recordarte que el ego no es tu enemigo. De hecho, es un aspecto esencial de lo que te completa. Te estructura y te ayuda a mantener relaciones, a tomar decisiones, a dar tu opinión y a establecer límites. Es básicamente como los zapatos y la ropa que eliges ponerte para recorrer el mundo. ¿Qué ocurre cuando tratas de abandonarlo? Te arriesgas a abandonarte a ti mismo. También te arriesgas a disociar de esa parte de ti que en realidad hace que las cosas sucedan en el mundo. La clave no es destruir tu ego, sino desarrollarlo de forma auténtica para que refleje a tu verdadero ser, moldearlo para que sea un reflejo claro y honesto de quién eres en realidad.

Cuando el ego no está desarrollado o está desconectado de tu ser, se vuelve poroso. Empieza absorbiendo las voces, los deseos y las expectativas de los demás y se convierte en un espejo del mundo exterior. Por ejemplo, persigues objetivos que no son propios; adoptas identidades que te resultan seguras, pero están vacías; o pierdes tu centro y tu señal. Tal vez lo veas como un ego que brilla con luz artificial, como una bombilla de luz fluorescente fría.

Por otro lado, cuando el ego está inmerso en una relación con tu verdadero ser, se vuelve el receptáculo de tu verdadero resplandor. En esta ocasión, tal vez lo veas como un ego que brilla con luz auténtica, como el sol, una luz que los demás sienten y en la que confían. Sin trampa ni cartón.

Es entonces cuando podrías pensar: «Pero ¿cómo conecto con mi verdadero ser?». Es más fácil decirlo que hacerlo. ¿Por dónde empezamos? Pues contigo.

Comenzamos ahora mismo.

Potencia tu lado luminoso te ofrece un espacio en el que reconectar con tu verdadero ser, recordar tu luz y dirigirla con intención.

Usa este espacio siempre que sientas la necesidad de revitalizar a tu ***yo luminoso***: esa parte de ti que contiene tu fuerza, tu sabiduría, tu talento y tu fuerza de voluntad creativa.

Este libro es el siguiente paso después de haber trabajado con la sombra, ese descenso en el que te enfrentas a tu yo inconsciente. Pero ¿qué ocurre tras completar el ciclo de sanación, terapia y profunda introspección? ¿Y después de mirarte en el espejo y nombrar con compasión lo que vive en la oscuridad?

Creces. Empiezas a crear. A exudar tu verdad. Empiezas a brillar.

De la sabiduría que has recopilado, de la plenitud que has reclamado y del alma que has recordado.

De eso trata el trabajo iluminador.

Brilla, estrellita, brilla. Es hora de que los demás vean tu luz.

Con amor, luz y sombras,
Keila Shaheen

PARTES

1. Introducción al trabajo iluminador

2. Ejercicios para el trabajo iluminador

3. Afirmaciones para el trabajo iluminador

4. Consignas para tu diario iluminador

5. Encuentra tu luz

Índice

1. INTRODUCCIÓN AL TRABAJO ILUMINADOR

2. EJERCICIOS PARA EL TRABAJO ILUMINADOR

Ser tú, verdaderamente tú, en un mundo que exige conformidad es una revolución silenciosa pero poderosa.

-ks

1

Introducción al trabajo iluminador

PARA UNA

experiencia de lectura más profunda,

ESCANEA EL CÓDIGO QR:

A lo largo de Potencia tu lado luminoso, *encontrarás códigos QR como este que te invitarán a ir más allá de la página, a sonidos, movimientos y una presencia más profunda. Cada uno te llevará a una experiencia diseñada para ayudarte a sentir y llevar a cabo el trabajo, no solo pensar en él: meditaciones guiadas, música original y ejercicios sensoriales que darán vida a este libro.*

Este código QR te redirigirá a una banda sonora instrumental creada para ayudarte a sumergirte por completo y a permanecer presente mientras asimilas la siguiente introducción.

Trabajo iluminador vs. trabajo con la sombra

Una sombra no puede existir sin luz. El trabajo con la sombra nos invita a embarcarnos en un viaje interior para descubrir y sanar las partes ocultas y desconocidas de nosotros mismos: los miedos, los traumas y las emociones reprimidas de las que a menudo huimos. Es un proceso introspectivo profundo en el cual nos enfrentamos a nuestra oscuridad interior y la integramos en un ser completo y auténtico. **El trabajo iluminador comienza cuando esa excavación interior deja espacio para que algo brille a través de él.** Entonces, empiezas a ocuparte de ello, a permitir que se expanda, que se fortalezca y que se vuelva más radiante a través de tu ser. Este proceso empieza a volcarse hacia fuera porque alimentas esa luz, despiertas tus dones inherentes, tus talentos y virtudes y los compartes de forma natural con el mundo.

Mientras que el trabajo con la sombra es esencial para entender y sanar tus heridas interiores, el trabajo iluminador es la aparición natural de en quien te convertirás una vez que te reconcilies con esas partes. Juntos, crean una aproximación equilibrada a la transformación personal (o individuación, como la denominaba Carl Jung). Cuando potencias tu luz, expresas tus fortalezas interiores, tu creatividad y tu verdad, la cual emerge cuando deja de ser gobernada por lo que antes te hacía daño. Al alimentarla de manera intencionada a través de los ejercicios que encontrarás en este diario, no solo transformarás tu realidad personal, sino que también contribuirás al desarrollo colectivo de la sociedad. Así, esa luz se convertirá en una ola que se expandirá más allá de tu vida individual, inspirando esperanza y resiliencia en los demás.

Ni el trabajo con la sombra ni el iluminador son viajes independientes. Tal y como ha escrito la doctora Connie Zweig de forma maravillosa en su prólogo, son dos caras de la misma moneda. He descubierto que, por sí mismo, el trabajo con la sombra es muy transformador, aunque a menudo resulta pesado y arrollador. El trabajo iluminador me ayudó a mantener un equilibrio y me ofreció momentos de esperanza, expresión y un impulso hacia delante.

Quizá te preguntes cómo saber si es el momento de hacer el trabajo con la sombra o el iluminador.

Cuando te sumerjas en este diario iluminador, si las emociones complejas te abruman, pregúntate lo siguiente:

«¿Qué estoy evitando?».
«¿Qué necesito perdonar?».
«¿Qué verdad no estoy diciendo en voz alta?».
«¿Qué parte de mí no se siente querida?».

Estas preguntas te ayudarán a discernir cuándo es hora de mirar hacia tu interior, al inconsciente. A mí el trabajo con la sombra me ayudó a enfrentarme a hábitos inconscientes y a verdades y deseos ocultos que han sido esenciales en mi viaje. Sin una fuerte conexión con mi lado luminoso, y al no percibir en quién me estaba convirtiendo de forma clara y equilibrada, me sentía desorientada. Durante un periodo de introspección intenso, me sentí emocionalmente drenada, mentalmente dispersa, espiritualmente desanclada e incluso físicamente enferma. Me había enfrentado a mis sombras, pero no sabía cómo recuperarme de esa experiencia ni qué sacar de ella. Fue entonces cuando decidí que había llegado la hora de encender de nuevo mi luz, integrando las sombras y aprendiendo a avanzar con más transparencia, intención y propósito. Si descubres que reaccionas demasiado al éxito de otra persona, si procrastinas en algo que te importa o sientes entumecimiento en momentos que antes solían emocionarte, tal vez esos sean signos de que algo más profundo está pidiendo a gritos que lo oigas. En esos momentos, recurre a *El diario de tu sombra* para explorar la raíz de esa reacción, el dolor tras ese hábito.

Luego, cuando hayas puesto nombre a todo lo necesario y hayas hecho un espacio para el cambio, regresa a *Potencia tu lado luminoso* para integrar, liberar y elevarte a un estado superior de claridad, compasión y creatividad.

Esta guía te brinda técnicas que te empoderarán para cultivar tu ser de forma auténtica y equilibrada teniendo en cuenta tu mayor felicidad y propósito. También te ofrece apuntes prácticos y ejercicios para ayudarte a aprovechar tu luz interior —ya sea a través de expresiones creativas, actos de autocuidado o compasión— y compartirla con tu entorno.

¿Qué es el trabajo iluminador?

Carl Jung, que acuñó el término «sombra», creía que el desarrollo humano incluía recuperar una conexión con el ser verdadero, al cual yo llamo la «luz». Gran parte del trabajo de Jung ponía énfasis en que descubrir la sombra inconsciente es una parte vital del camino hacia la plenitud, un camino que él denominó «individuación». Creía que explorar la psique era esencial para el crecimiento personal. Al explorar **la mente inconsciente** (a través del trabajo con la sombra), se obtiene una comprensión mayor de los comportamientos, motivaciones y detonantes emocionales ocultos. El trabajo iluminador te permite explorar la **mente consciente**, compuesta por la persona y el ego, para comprender mejor tus valores, deseos e identidad. El trabajo iluminador se forja en el camino de la individuación, ocupándose de las capas conscientes de la psique **para realinearlas con el verdadero ser.**

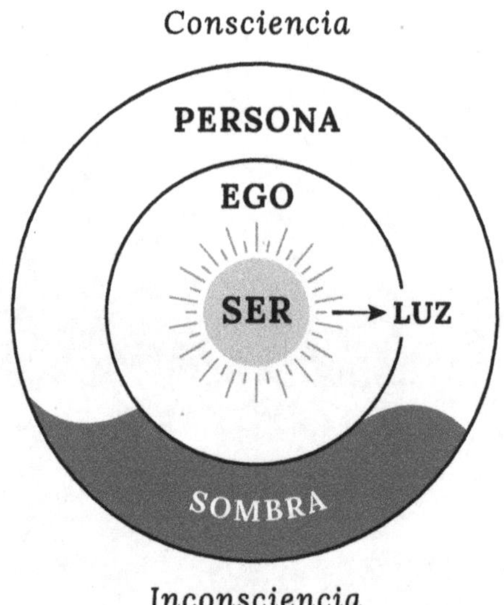

FIGURA 1. La psique, por Keila Shaheen

Analicemos juntos la persona, el ego y la búsqueda del verdadero ser.

En la psicología de Jung, **la persona** es la máscara que llevamos cuando interactuamos con el mundo social. Es cómo nos presentamos para sobrevivir, pertenecer y que nos acepten. **El ego** es esa parte de nosotros que organiza nuestra percepción del «yo». Nos ayuda a funcionar, a tomar decisiones y a establecer una identidad estable. Esas partes son esenciales. Sin embargo, cuando operan sin que seas consciente de ello, pueden limitarte. Por ejemplo, aferrándote al control cuando lo que verdaderamente necesitas es confiar. La persona puede actuar en vez de expresar y el ego puede defender en vez de discernir.

Buenas noticias: tienes la capacidad de practicar la introspección, de ejercitar la conciencia de ti mismo y de usar el don de la imaginación.

Posees la capacidad de pararte y preguntar: «¿Quién está hablando ahora mismo?». Y desde ese espacio de consciencia puedes elegir alinearte con tu verdadero ser.

El origen del ser, de eso que llamas «tú», es tanto psicológico como físico. Naces en una familia, una cultura, un linaje. Desde pequeño empiezas a forjar una identidad a través de la observación, el apego, la aprobación y la valoración. Aprendes a ser tú observando a tus padres, respondiendo a tu entorno y adaptándote a lo que te resulta seguro o te recompensa. Esto crea lo que podríamos denominar el *ser condicionado.*

Este ser condicionado vive más visiblemente en la persona y suena así:

> *«No digas eso. No le caerás bien a la gente».*
> *«Mantén la calma. Sé fuerte».*
> *«Sé divertido. Sé útil. Sé lo que necesitan que seas».*

Cuando el ego no está alineado con el ser puede sonar así:

> *«Tengo que controlar esto».*
> *«No puedo dejarles ganar».*

«¿Y si fracaso y me ven?».
«Esto me define. Así soy yo».

Cuando la sombra presiona desde el inconsciente puede sonar así:

«No me lo merezco».
«Siempre me abandonan».
«Nunca seré suficiente».
«¿Para qué molestarse?».

Tal vez ahora pienses: «¡Cuántas voces! ¿Cómo las descifro?». Es entonces cuando debes silenciarlas durante un instante y ajustar sus controles para alinearlas con tu verdadero ser. ¿Te imaginas lo que dirían si estuvieran alineadas con tu verdadero ser?

La persona puede convertirse en una herramienta que establezca una conexión auténtica, no que cumpla con un desempeño.

El ego se convierte en el guardián de los límites, no en un escudo.

La sombra se convierte en una guía que te señala lo que todavía necesita amor, no lo que debería temerse.

La función de *Potencia tu lado luminoso* no es silenciar esas voces, sino escucharlas con más atención para reconocer cuándo hablan a partir de la supervivencia y cuándo a partir de la verdad.

El trabajo iluminador es una forma de nutrir tu verdadero ser.

Tu luz proviene del impulso detrás de una respiración profunda, de la motivación detrás de tus actos y expresiones, del orgullo en tu risa, de la crudeza en tus ojos cuando observas el pasar de las nubes. De la flexión de tu músculo cuando piensas «Soy lo suficientemente fuerte para superar esto» durante un momento de alboroto. ¡Tu luz es un don grandísimo! Es lo que te provee de energía, propósito, motivación, inspiración, fuerza, esperanza y mucho más. Puedes usarla para cambiar el rumbo de tu día cuando estés descontrolado, para apoyar a otra persona sin adueñarte de su dolor, para crear significado de tus experiencias y para estar más presente en tus relaciones, en tu trabajo y en tu vida cotidiana.

Cuando te quedas sin luz, tal vez te sientas desconectado de ti mismo y de tus dones. Tal vez notes que tu creatividad se bloquea y tu felicidad se atenúa. Tu cuerpo se vuelve más pesado, tus pensamientos se desorganizan y a tu instinto le cuesta más confiar. Empiezas a olvidar para qué estás aquí. Te quedas sin luz cuando permaneces demasiado tiempo en espacios que te acallan o te empequeñecen. Esto se siente como si abandonases tus propias necesidades para agradar a los demás; huyeras muy lejos de tu intuición; dieses más de lo que recibes; cargases con una vergüenza que nunca ha sido tuya o pospusieses tu verdad hasta que «te sientes preparado».

Cuando potencias tu luz, aprendes a alimentar la energía en tu interior, a aumentar la conciencia de ti mismo y a arrojar luz a tu psique. Por ejemplo, imagina que le hablas mal a tus seres queridos. Quizá parezca cruel, pero simplemente estás agotado; en vez de avergonzarte, siéntate con *Potencia tu luz,* respira hondo y pregúntate: «¿Qué necesito para volver a mi ser luminoso y qué puedo hacer para recuperar la paz en mis relaciones?».

Siempre tendrás una chispa de luz, incluso en la sombra. Incluso en tus momentos más oscuros y complicados, siempre y cuando respires y seas consciente, habrá un destello, una llama entre los escombros, una chispa que avivar. No lo olvides.

Puedes llevar a cabo estos ejercicios en cualquier momento de tu vida. Cuando resuenas con un estado muy superior de tu ser, tu luz tiende a funcionar por sí sola, e incluso iluminar a las personas de tu entorno. Quizá experimentes esa luz cuando estás totalmente presente, vivo y con energía, o en momentos de introspección silenciosa o creatividad espontánea.

Recuerda los momentos en los que has experimentado pura alegría, asombro inspirador y luminosidad interior al expresarte. Esa fuerza, tu luz, a menudo yace oculta bajo capas de conformidad y sombra.

Te habrán pedido que atenúes tu luz de muchísimas formas. Quizá hayas aprendido que el silencio mantiene la paz y que expresarte de forma natural causa incomodidad. Tal vez hayas asimilado que priorizarte es egoísta o hayas equiparado la humildad con la invisibilidad. Sin embargo, estos aspectos luminosos de ti nunca se desvanecen del todo; residen muy dentro de ti, esperando que los alimentes. El trabajo iluminador es el proceso de descubrir, fortalecer y expresar tu lado luminoso: la parte de ti que contiene fuerza, sabiduría, talento y disciplina creativa. Las técnicas en *Potencia tu luz* están diseñadas para ayudarte a acceder a esas reservas de luminosidad y guiarte a un estado de ser superior.

Cultivar tus dones y ofrecérselos al mundo, que a menudo los subestima, es un acto de VALENTÍA *y* CREACIÓN.

El trabajo iluminador es cultivar una relación consciente y auténtica con el ser, sobre todo con la parte de nosotros que presentamos al mundo. Es nutrir tus fortalezas, tus valores y tus impulsos creativos para que tu vida sea una expresión honesta de tu verdad más profunda en vez de una actuación determinada por el miedo, las predicciones o la validación externa.

Antes de empezar a potenciar tu luz, establece la intención de notar y honrar abiertamente los momentos en los que tu luz interior brille. Tu luz es más evidente en momentos de alegría, gratitud, flujo, éxito y claridad. Utiliza esta guía para guardar un registro de todas estas experiencias con el fin de entender los hábitos que elevan tu espíritu. Las páginas de «Llega a tu centro de luz» (192-233) son un recurso maravilloso para volver a tu centro, registrar tu viaje luminoso y rastrear los orígenes de tu luz. Así te convertirás en un *trabajador de la luz*. A veces tu luz aparecerá con claridad; otras, titilará en silencio durante pequeños momentos de certeza o comodidad. Ambas son significativas. Al llevar un registro escrito, empezarás a tener más confianza en ti mismo. Confía en aquello que sientas que está alineado y en lo que expande tu sentido de plenitud.

«La flor de loto crece en el agua lodosa
y turbia y, sin embargo, emerge para
florecer con una belleza inmaculada.
El trabajo con la sombra es el lodo.
El trabajo iluminador, la floración.
Uno no puede existir sin el otro».

Por qué el trabajo iluminador es tan importante

El trabajo iluminador aporta muchos beneficios. Cuando lo llevas a cabo, vives de manera consciente y creativa. Alimentas tu brillo interior y sacas provecho del depósito de esperanza, intuición y alegría que te guía hacia tu verdadero propósito. Tu luz revela las fortalezas ocultas y la abundancia en tu interior, transformando cada emoción cargada energéticamente en una herramienta para el crecimiento y el autodescubrimiento. Al acoger esta energía reclamas el control para moldear tu vida con intención. Cuando te ocupas de tu luz, entras en un espacio de claridad y confianza modesta. Dejas de encogerte o de dudar de ti mismo. Cuando hablas, no te trabas ni caes en el síndrome del impostor, porque sabes quién eres y lo que puedes ofrecer. Tu mirada es firme. Tu presencia se valora y se siente. Estás más presente en las conversaciones, eres más resiliente cuando la vida se complica y tienes los valores más arraigados cuando tomas decisiones. Quizá la gente no pueda explicarlo, pero lo percibirá: hay algo en ti que irradia calma, convicción y confianza. El trabajo iluminador no solo forja confianza, sino también coherencia. Es una vida en la que tu energía, tus decisiones y tu voz están alineadas.

El trabajo iluminador también cultiva una gran sensación de amor propio y aceptación. Mientras honras y respetas tu brillo innato, desarrollas una apreciación mayor hacia ti mismo y hacia los demás. Esta práctica anula la autoestima baja y la sustituye por confianza, permitiendo que tu verdadero ser se exprese sin miedo a que lo juzguen, porque, cuando conoces tu verdad, nadie puede usarla en tu contra ni arrebatártela. Eres la única persona que puede conservar esa verdad. El proceso del trabajo iluminador te empodera para que las limitaciones antiguas trasciendan y muestres una resiliencia emocional y un sentido renovado de vitalidad incluso en la adversidad.

Nutrir tu luz interior tiene un efecto transformador en tus relaciones y en tu comunidad. Cuando permites que tu resplandor único brille, te conviertes en una fuente de inspiración y esperanza para la gente a tu alrededor. Esta energía compartida fomenta la empatía, la comprensión y la colaboración, creando una reacción en cadena que anima tu vida y también las de los demás. En un mundo que a menudo desdibuja la individualidad, tu compromiso con la luz ayuda a promover una cultura de positividad y bienestar sinceros.

Por el contrario, no aprovechar tu luz interior puede llevar a la desconexión y el estancamiento. Que tu brillo inherente permanezca ignorado o suprimido puede tener consecuencias, como una sensación de vacío, de potencial perdido y de propósito mermado. Esta energía insatisfecha puede manifestarse como confusión interna, falta de propósito, desesperanza o desesperación, lo que impacta negativamente a tus relaciones y a tu comunidad. Llevar a cabo este trabajo iluminador es esencial no solo para tu transformación personal, sino también para contribuir a un mundo más animado, compasivo e interconectado.

«Como seres humanos, nuestra labor radica en pasar de la fragmentación a la plenitud. Todos podemos conseguirlo a través del crecimiento y la transformación».

-ks

El origen del trabajo iluminador

A lo largo de la historia, la luz se ha concebido como un símbolo de aclaración, transformación y sabiduría divina. En la tradición judeocristiana, la orden divina «Hágase la luz» en el Génesis significa no solo la creación del mundo físico, sino también la emergencia del orden y la vida a partir del caos. En las tradiciones occidentales como el budismo o el hinduismo, la luz representa a menudo el despertar espiritual y el viaje hacia la iluminación interior, como el simbolismo de la presencia radiante de Buda o las luces festivas de Diwali, que celebran la victoria de la luz frente a la oscuridad. La filosofía de la antigua Grecia también contribuye a este simbolismo abundante de la luz; aparece en la alegoría de la caverna de Platón, en la que la luz simboliza el poder transformador del conocimiento y la verdad. Estos ejemplos ilustran que, a través de las eras y las culturas, la luz se ha reconocido de forma consistente como un modelo, como la estrella polar que nos guía hacia la transformación personal y la creación, y como una fuente de esperanza, renovación y verdad.

Los ejercicios presentes en estas páginas no están ligados particularmente a un solo camino, linaje o creencia. Sin embargo, si sientes la llamada de este trabajo como parte de tus prácticas espirituales, tal vez experimentes una transformación y un significado profundos al honrar esa verdad. El trabajo iluminador es para todas las personas dispuestas a cuidar de su brillo con la misma reverencia que de sus heridas, para aquellos que entienden que la persecución psicológica de la individuación no es solo descender a la oscuridad, sino también aprender a transportar esa luz sin que se apague o aleje.

¿Qué sucede cuando dejamos de actuar y empezamos a fundamentarnos? ¿Qué sucede cuándo dialogamos con nuestro verdadero ser y caminamos de la mano con él? Cierra los ojos e imagínatelo. Después reconoce las partes de ti que son luminosas y que están listas para brillar.

El trabajo iluminador no llegó a mi vida como una moda de paso o una mera técnica. Emergió como una respuesta al llamamiento de mi alma en busca de un cambio. Ese tipo de cambio que tu cuerpo lleva a cabo cuando tu vida exterior parece llena y tu mundo interior, vacío. Llegó un momento en el que los roles que había creado para mí misma —autora, mujer, directora ejecutiva— empezaron a endurecerse hasta volverse nuevas máscaras. Empecé a sentirme drenada con mi propósito. ¿Has logrado algo alguna vez para lo que te has esforzado mucho y unos días después has sentido un vacío extraño? ¿O has sonreído en una conversación sobre algo que antes te ilusionaba y ya no lo sientes de la misma manera? Así estaba yo. Agradezco haber tenido las herramientas mentales para sobrellevar esa crisis interna. Me centré en el trabajo con la sombra y descubrí una herida interior, un hábito de evasión, de escapar de la realidad y el temor de enfrentarme cara a cara con las duras verdades de la vida. Utilicé una técnica específica del trabajo con la sombra que trata de nombrar y dialogar con mi ser en la sombra para darle forma y voz a las partes que permanecen ocultas. La que emergió para mí fue «La escapista». La nombré Sombrella, que lleva las raíces de mi ascendencia brasileña: *som*, del portugués «sombra», y *ella*, que significa lo mismo en español.

> *«¿De qué huyo? ¿Por qué no me siento satisfecha? ¿En quién me estoy convirtiendo?».*

Descubrí que estaba desorientada y que mi psique sufría. Esta vez no por el pasado, sino por el futuro. No era un trauma que hubiese resurgido, sino el dolor de una energía potencial atrapada; un alma que desea evolucionar sin una forma clara de hacerlo. Y como no tenía forma de alzarse, empezó a convertirse en estrés, enfermedad, apatía, evasión y depresión. Me di cuenta de que mi vaso se estaba vaciando muy rápido y de que tenía que hacer algo al respecto. Necesitaba una manera de conectar con esa parte de mí que seguía brillando en silencio debajo de todo aquello. No podía hacerlo sola, y eso fue lo más duro de admitir, porque naturalmente mi reacción fue aislarme. Había pasado años fiándome de mi disciplina, mi independencia y mi capacidad de solucionar las cosas sola. Pero cuando me descubrí al borde del vacío, confusa y deseosa de orientación, tuve que rendirme. Pedí ayuda a familiares y mentores y empecé a ir a terapia.

Recuerda que siempre puedes pedirle a tu comunidad que te devuelva el reflejo de tu luz cuando la hayas dejado de ver. Quizá necesites escribirle a un amigo solo para que lo sepa, o decirle a alguien, «Necesito ayuda», sin tener que darle más explicaciones.

La entrega es el pasaporte a la realineación.

El trabajo con la sombra me ofreció un lenguaje para el descenso, pero este fue diferente. Fue un renacer doloroso. Y entonces por fin lo entendí:

> *El trabajo con la sombra te ayuda a encontrar tu dolor. El trabajo iluminador es donde encuentras tu potencial.*

Comprenderlo me instó a crear y a definir el trabajo iluminador para mí misma.

El trabajo iluminador no busca conseguir una vida perfecta ni es una fórmula mágica para realizar milagros al instante, sino que se trata de una invitación para vivir siendo más consciente de ti mismo y del mundo a tu alrededor.

Al llevarlo a cabo, desarrollas una práctica que te equilibra con el fin de no perder de vista tu propia verdad radiante, por mucho que el mundo intente atenuar tu luz.

Me siento muy responsable de consolidar este concepto porque es lo que me mantiene unida cuando todo lo demás se desmorona. Es lo que me devuelve a mi centro. Es lo que me ancla a mi fuerza cuando empiezo a sentirme débil y vulnerable. Al crear un espacio para el trabajo iluminador en mis ejercicios, he aprendido a navegar por mi mundo interior sin perderme en el torrente interminable de promesas falsas, sueños efímeros y fantasías. En cambio, he aceptado una forma de vida que sostiene mi verdad y me ofrece la posibilidad de desbloquearme y liberarme en el presente, en el ahora.

Espero que aceptes esta invitación para convertirte en tu propia fuente de luz, para comenzar tu trabajo iluminador y para confiar en tu llama interior eterna. Ya sea que titile o se alce imponente con llamas azuladas, deja que te guíe a casa, da igual en qué momento estés de tu viaje.

Las emociones como energía

Las emociones son mucho más que sentimientos. Son señales energéticas que se mueven por tu cuerpo y determinan cómo experimentas el mundo. También puedes imaginártelas como una luz que atraviesa una vidriera de colores: iluminan partes de tu paisaje interior, pero también tiñen lo que ves. Algunas emociones ofrecen claridad y te señalan la verdad. Otras pueden distorsionar tu percepción, dificultando que reconozcas a tu ser más profundo. Sé consciente de ello. A pesar de que las emociones son mensajeras poderosas, no te identifican. Siéntelas totalmente, pero no las confundas con tu ser.

Ciertas investigaciones en el campo de la neurociencia revelan que las emociones activan respuestas eléctricas y químicas mensurables en nuestro cuerpo, afirmando así que son, en efecto, una forma de energía. Tus emociones fluyen a través de ti como corrientes, afectando a tus pensamientos, acciones e incluso tu salud física. Reconoce que tus emociones son sistemas energéticos. No solo son estados psicológicos, sino también frecuencias sutiles que determinan cómo te mueves por el mundo y cómo este te responde. Las emociones llevan información y también carga. Esa carga puede animarte, pesarte, abrirte o limitarte.

Las tradiciones antiguas admitieron esta verdad hace tiempo a través de conceptos como el prana, el chi, la frecuencia vibracional, etc., todas las cuales son fuerzas vitales que se cree que sustentan la energía vital y que conectan directamente con el estado de tu bienestar.

Las emociones que sientes se convierten en la energía que emites. Tu energía es tu moneda, así que úsala con sabiduría.

Cómo discernir si tus emociones necesitan trabajo iluminador o trabajo con la sombra

NECESITAS **TRABAJO CON LA SOMBRA** CUANDO SIENTES UNA EMOCIÓN COMPLICADA, VIEJA O DESPROPORCIONADA.

Estas emociones a menudo son señal de una necesidad no cubierta, una verdad oculta o una antigua herida que no ha sanado. El objetivo es dirigirse al interior, sentir, indagar y escuchar.

Ejemplos:

- La **ira** que resurge una y otra vez → El trabajo con la sombra quizá ayude a revelar un resentimiento reprimido, impotencia o transgresiones de límites que provocan emociones alteradas y frustrantes como la ira.
- Los **celos** en relaciones o con respecto al éxito → Explora la herida interna que se encuentra detrás de esta emoción. ¿Se debe al miedo al abandono? ¿A la falta de merecimiento? ¿Al hábito de comparación de la infancia?
- **Insensibilidad emocional** → Tal vez se trate de una armadura protectora a causa de traumas pasados o un desgaste que exige atención y que se procese poco a poco.
- **Reacciones excesivas a las críticas** → Esto quizá muestre que una parte de ti sigue anclada al perfeccionismo, a la vergüenza o a antiguas críticas.

Recurre a *El diario de tu sombra* y rastrea la raíz de esa emoción. Pregúntate:

«¿Cuándo he sentido esto antes?».
«¿De qué me está protegiendo esta emoción?».
«¿Qué quiere que sepa esta parte de mí?».

CUANDO SIENTES UNA EMOCIÓN PRESENTE, ACTIVA O LISTA PARA MOVERSE, HA LLEGADO LA HORA DEL **TRABAJO ILUMINADOR**.

Estas emociones surgen de una desalineación o un bajón momentáneo. Quieren movimiento, expresión y que las alimentes.

Ejemplos:

- La **inquietud** o **estancamiento** ⟶ Ejercicios como la expresión creativa o el movimiento pueden devolverte la energía.
- La **inseguridad** hacia el futuro ⟶ Anotar tus recientes logros en tu diario o practiar afirmaciones positivas puede ayudarte a realinearte con tu autoconfianza.
- La **tristeza leve** sin un detonante claro ⟶ Esta tal vez sea una señal para que nutras a tu alegría, salgas o reconectes con algo significativo.
- **Sentir desconexión** ⟶ Elabora listas de agradecimiento, escucha música o recurre a la conexión consciente para reavivar tu luz.

Recurre a *Potencia tu luz* y pregúntate:

> *«¿Qué emoción quiero sentir más ahora mismo?».*
> *«¿Qué me ayuda a volver a mí?».*
> *«¿Cómo puedo cambiar esta energía a través de la expresión, el movimiento o la intención?».*

CUANDO NO ESTÁS SEGURO (PUEDE QUE NECESITES AMBOS)

Algunas emociones son complejas. Es posible que tengan una **raíz de sombra** y aun así se beneficien del **trabajo iluminador**. Tal vez necesites descubrirlo antes de llegar a un estado de ser superior.

Ejemplo:

- El **duelo** → El duelo quizá requiera trabajo con la sombra para honrar lo que se ha perdido y trabajo iluminador para reconectar con el sentido y la vitalidad.

Si no estás seguro, pregúntate:

> «*¿Necesito entender esta emoción o necesito trasladarla?*».

Tener una gama de emociones es uno de los sellos distintivos de nuestra humanidad. Es lo que nos diferencia como una especie capaz de profundizar y de sentir. Debido a esto, es esencial adoptar prácticas intencionales que recalibren nuestro estado interior cuando no nos sirva ni nos permita evolucionar. Los ejercicios que aparecen en esta guía iluminadora te ayudarán a sobrellevarlo. Cuando practicas *mindfulness*, meditación, artes expresivas y ejercicios de conciencia corporal, te sientes empoderado para modular y redirigir las fuerzas que se revuelven en tu interior, transformando el estrés en tierra fértil para el crecimiento. Este enfoque integrador mejorará tu vida individual y sentará las bases para una versión más compasiva, resiliente y armoniosa de ti.

DONANTES DE LUZ	DRENANTES DE LUZ
Descanso de calidad	Complaciente
Naturaleza	Relaciones tóxicas
Actos de cuidado personal	Estrés crónico
Gratitud	Abuso de sustancias
Expresión creativa	Leer malas noticias en redes sociales
Diálogo interno positivo	Sueño inconsistente
Gestos de amabilidad	Diálogo interno negativo
Actos de servicio amables	Carencia de cuidado personal
Estabilización y meditación	Inestabilidad

«Hacer brillar tu luz no tiene relación con la apariencia externa, sino con mantener una actitud interna humilde».

La escala de la conciencia

DESDE LA SOMBRA A LA LUZ

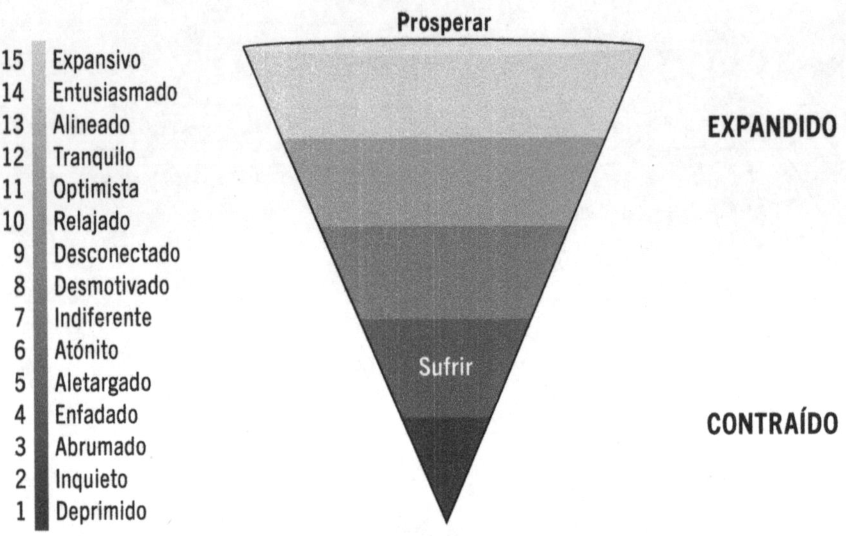

FIGURA 2. La escala de la conciencia consciente de Keila Shaheen

El origen de esta escala

Esta escala no proviene de la teoría, sino de gente real, en momentos reales, que ha descrito cómo se siente. Elaboré esta escala para reflejar el paisaje emocional en el que estamos viviendo *ahora*, en los tiempos modernos. Está fundamentada en las experiencias vividas y en el lenguaje que la gente usa comúnmente en la actualidad cuando es sincera consigo misma.

Revisé más de **148 000 registros emocionales anónimos** de la **aplicación Zenfulnote,** que creé para ayudar a la gente a hacer un seguimiento de sus emociones y llevar a cabo su trabajo interno.

Descubrí un patrón: la gente no informaba de picos altos o bajos con tanta frecuencia como cabría esperar. Las emociones más comunes fueron: **Cansado, Relajado, Bien, Ansioso, Indiferente, Aletargado, Optimista, Neutral, Entusiasmado** y **Tranquilo.** ¿La primera en la lista? *Cansado.* Ni la tristeza ni el enfado, simplemente… el cansancio.

Eso me dijo algo superimportante: muchos vivimos en el gris, no del todo en la sombra o en la luz. Así que creé esta escala para reflejar lo que vi: una gama que va desde la **sombra** (los estados que nos fragmentan), pasa por el **gris** (los estados en que estamos desconectados o indecisos) y termina en la **luz** (los estados que reflejan nuestra energía, claridad y el ser profundo).

Estas quince emociones en la escala de la conciencia están para ayudarte a ubicarte, ofrecerte el lenguaje del mundo interno y mostrarte cuando algo necesita ser *sostenido y explorado* (trabajo con la sombra) y cuando está listo para *cambiar y expandirse* (trabajo iluminador).

Usa la escala de la conciencia como una herramienta (como una especie de brújula interior). Al localizar en qué parte estás en la escala, te vuelves más consciente de cómo tu estado emocional moldea tu percepción, tu comportamiento y tu energía. Esta conciencia te ayuda a elegir cómo quieres responder a la vida en vez de reaccionar de manera inconsciente por culpa de hábitos antiguos. El objetivo no es «mantener una energía elevada» todo el tiempo; eso no es realista. El objetivo es practicar ser más consciente de tu estado para poder vivir experiencias con más intencionalidad y amenidad y para que puedas empezar a construir esa relación fuerte contigo mismo con el fin de vivir una vida más consciente.

Cuando eres plenamente consciente, entras en una nueva relación con la propia vida. Cada polaridad, luz y sombra, alegría y tristeza es una tensión necesaria a través de la cual emerge la plenitud.

Carl Jung enseñó que mantener la tensión entre los opuestos es crucial para el crecimiento. Sin embargo, actualmente mucha gente oscila entre los dos extremos, identificándose con uno y rechazando por completo el otro. El verdadero crecimiento no ocurre al elegir bando, sino al permanecer incómodo lo suficiente como para que emerja un tercer camino (como cuando haces flexiones y te detienes en mitad de una). Eso es lo extraordinario: cuando tanto la sombra como la luz se integran. Cuando dejas de reprimir un lado u otro y permites que ambos coexistan, dejas espacio para algo más sabio, más completo y verdaderamente tuyo.

Usa la escala de la conciencia en tu trabajo iluminador como punto de partida y de llegada, tanto antes como después de completar un ejercicio o una tarea. Empezarás a notar que cuando empiezas a verte con honestidad, los cambios ocurren a los cinco o diez minutos de haber finalizado el ejercicio.

No todas las emociones acarrean el mismo peso; algunas lastran y pesan más que otras. Por eso, a veces, un cambio no implica pasar directamente de sentirse abrumado a entusiasmado, sino de abrumado a relajado, o de atrapado a indiferente. Esas emociones no son «mejores» en el sentido tradicional de la palabra, sino que a menudo acarrean más energía, más acceso a los sentimientos, más movimiento.

Con el tiempo, usar la escala de la conciencia de esta forma fortalecerá tu autoconfianza. Empezarás a ver patrones en tus estados emocionales. Empezarás a fijarte en lo que te anima o te drena. Y, lo más importante, empezarás a darte cuenta de que tu estado de ser no es fijo, sino fluido. Cada vez que rediriges tu energía de forma consciente, aunque sea un poco, reclamas tu poder.

Cómo llevar a cabo el trabajo iluminador

El trabajo iluminador empieza cuando cultivamos una conciencia profunda de nuestro estado emocional. Comienza a dedicarle tiempo todos los días a usar *Potencia tu lado luminoso.* Convierte en un hábito diario el examinar tu estado de conciencia, practica *mindfulness* como forma de vida, medita, haz ejercicio y permítete simplemente estar presente y observar tus sentimientos sin valor de juicio antes de que empiecen a ponerse al volante. Esta conciencia sienta las bases para transformar tus experiencias diarias en oportunidades de crecimiento e iluminación.

Un aspecto clave del trabajo iluminador es involucrarse en actividades que ayuden a canalizar tus emociones de forma creativa y constructiva. Técnicas como llevar un diario, terapia de arte expresivo y movimiento consciente pueden ser herramientas poderosas que transformen tu energía interior en luz tangible. Ya estés en mitad de un conflicto, la resistencia te tenga atrapado, estés rebosante de felicidad, actúes con total claridad, progreses sin problema ninguno o te sientas emocionalmente equilibrado… el trabajo iluminador se vuelve una forma de alquimia espiritual y emocional. Ofrece a la rabia un lugar donde marcharse; a la tristeza, algo que moldear y a la paz, un lugar donde brillar. Incluso el mínimo acto de escribir una frase, hacer una marca en una página o mover tu cuerpo durante sesenta segundos puede empezar a transformar energía estancada en energía en movimiento. Echa un vistazo a «Ejercicios para el trabajo iluminador» en parte 2 de este libro para explorar técnicas poderosas para emplear y elevar tu energía.

Integrar el trabajo iluminador en tu vida diaria implica dejar espacio para un autocuidado y reflexión conscientes y para actuar de forma honesta. Crea rutinas sencillas que resuenen contigo, ya sea empezando el día dando gracias por algo, tomándote una pausa consciente para respirar durante los momentos estresantes o reflexionando sobre las cosas o experiencias positivas del día al acabar la tarde. Al analizar tu estado interior y recalibrar tu atención de forma regular, empezarás a cambiar tus patrones y ciclos reactivos por una presencia más equilibrada y empoderada.

La clave para llevar a cabo tu trabajo iluminador es tener una paciencia y disciplina incesantes y la voluntad de nutrir y aceptar tus emociones y el brillo absoluto de tu verdadero ser. Con el tiempo, estos ejercicios construirán una brújula interior resiliente que te guiará a través de las dificultades y transformará tu experiencia diaria. Acepta cada momento como una oportunidad para reconectar con tu luz interior, sabiendo que cada pequeño paso contribuye a una transformación mayor hacia una vida más intencional, feliz y radiante.

La importancia de la protección

Otro aspecto importante del trabajo iluminador es proteger tu energía. El trabajo iluminador puede resultar poderoso y amplificador, así que es crucial cerciorarse de que estás a salvo, estable y energéticamente fortalecido antes y después de los ejercicios. Que estés irradiando luz no significa que tengas que darla toda. Yo aprendí esto por las malas durante una temporada en la que me sentía iluminada, inspirada y vigorizada. Empecé a decir «¡SÍ!» a todas las oportunidades, a todas las colaboraciones, a todas las llamadas «rápidas». Al principio me sentía bien, pero enseguida empecé a darme cuenta de que me notaba dispersa, extralimitada y extrañamente desconectada de esa chispa que me había impulsado antes.

Recordatorio: tu luz es preciada y no es sostenible cuando se dispersa continuamente. Imponer límites no atenúa tu luz, sino que protege su integridad. Honrar esto forma parte del trabajo.

Proteger tu energía puede implicar llevar a cabo ejercicios de estabilización, usar técnicas de visualización, establecer intenciones claras u otras prácticas que te ayuden a sentirte centrado y protegido. Siempre que necesites un recordatorio, avanza hasta el «Ejercicio de protección» en la página 82. La protección energética te ancla en tu centro, sella cualquier abertura por la que se pueda colar cualquier influencia negativa e infectar tu energía y salvaguarda tu luz en un mundo de oscuridad. Proteger tu energía implica estar plenamente presente en tu cuerpo, alineado con tu verdad y con la mente despejada, incluso en medio del caos.

Esto puede ocurrir al llevarte una mano al pecho y respirar profundo tres veces antes de adentrarte en un ambiente altamente estimulado. Puede incluir cerrar los ojos y visualizar una luz suave y dorada que te envuelve como una armadura antes de tener una conversación difícil. Incluso podría tratarse de alejarte sin culpa de una situación que te resulta energéticamente invasiva o de decir que no.

En la parte 2 de este libro hallarás ejercicios de protección energética diseñados tanto para momentos diarios como para estados emocionalmente intensos. Úsalos como un botón de reinicio. Úsalos cuando te olvides de tu propia luz y necesites una forma de regresar a ella.

Cuando tu energía no está protegida, podrías experimentar agobio emocional, cambios drásticos de humor o una sensación generalizada de cansancio. Podrías estar absorbiendo la negatividad de ambientes tóxicos, sentir ansiedad en presencia de relaciones agotadoras o perder el foco al ser bombardeado de factores de estrés externos. Esas experiencias a menudo se manifiestan como agotamiento, desgaste o cansancio emocional.

Cuando tu energía está bien protegida, permaneces tranquilo y centrado incluso en medio del caos. En vez de sucumbir a la turbulencia emocional que te rodea, eres capaz de mantener un estado equilibrado y centrado basado en límites sanos y fuerza interior. Podrías notar entonces que las situaciones estresantes tienen menos impacto en ti, que las influencias negativas rebotan en tu escudo y que tu luz innata brilla con más intensidad. Este estado de ser mejorado alberga una sensación de empoderamiento que te permite ir por la vida con más claridad y un vigor renovado, enriqueciendo de esa forma tu bienestar.

Estas son unas cuantas formas de proteger tu energía:

1. **Simple reconocimiento:**
   Reconoce tu estado energético actual. Recuerda que tu energía es sagrada y que, simplemente reconociendo su presencia, te empoderas para protegerla contra las influencias externas.

2. **Ejercicios de estabilización:**
   Respira hondo, visualiza raíces que se extienden desde tus pies hasta el interior de la tierra, o incluso da un paseo consciente por la naturaleza. Estos ejercicios te ayudan a anclar tu energía y a establecer una conexión firme con la fuerza estabilizadora de la tierra.

3. **Visualización protectora:**
   Imagina una burbuja radiante o un escudo de luz que te rodea. Visualiza ese escudo protector expandiéndose y repeliendo cualquier energía negativa o agotadora mientras amplifica tu luz interior simultáneamente.

4. **Establecimiento de intenciones claras:**
   Ratifica tus límites de forma consciente declarando que tu energía únicamente sirve para tu mayor bien.

5. **Rutinas de depuración energética:**
   Lleva a cabo ejercicios de depuración como la sanación con sonidos con la ayuda de un cuenco tibetano, salir a correr o a caminar para mover tu cuerpo y despejar tu mente o simplemente tómate un momento en silencio para reflexionar y limpiar cualquier negatividad residual. Esto ayuda a revitalizar tu estado emocional y renueva tu luz interior.

INDICIOS DE QUE TU ENERGÍA SE HA AGOTADO

Reconoce cuándo necesitas reiniciar tu energía y sigue los pasos adecuados. Solo tú sabes lo que te sirve en momentos de frustración y agobio. Ten en cuenta estos indicadores de que te puedes estar quedando con poca energía:

- **Cansancio constante:** Puede que incluso después de una noche entera de sueño sigas sintiendo agotamiento, falta de motivación o simplemente falta de vitalidad.
- **Entumecimiento emocional o irritabilidad:** Quizá te sientas inusualmente desconectado, abrumado por factores de estrés menores o quizá seas brusco con los demás.
- **Dificultad para concentrarse:** La mente nublada o una falta de claridad pueden ser señal de que tu energía presenta un desequilibrio, lo cual hace que hasta las tareas más simples resulten abrumadoras.
- **Incomodidad física:** Fíjate en cualquier dolor de cabeza inexplicable, tensión muscular, problemas digestivos o enfermedades que puedas sufrir durante periodos de estrés.
- **Pérdida de la felicidad:** Las actividades que antes te resultaban placenteras ahora te parecen pesadas y quizás te veas con necesidad de estar solo para recargar energías.

Reconocer estos indicios es el primer paso para reclamar tu luz interior. Confía en tu intuición y tómate un tiempo para realizar los ejercicios de protección.

Conoce a tu yo luminoso

Para localizar a tu yo luminoso, comienza por fijarte en los momentos, los hábitos y las cualidades que revelan tu brillo innato. Aquí tienes cinco pasos que te ayudarán a identificar y celebrar los aspectos donde brilla tu luz:

1. **Reconoce momentos de rebosamiento y felicidad:** Ten presente las veces en las que te sientes más vivo. Como cuando pierdes la noción del tiempo, te sientes naturalmente involucrado o experimentas una alegría profunda. Esos momentos de rebosamiento a menudo indican que estás alineado con tu luz interior. Reflejan las formas únicas en las que destacas de forma natural y en las que expresas tu auténtico ser.

2. **Observa comentarios positivos y afirmaciones:** Presta atención a los cumplidos y los comentarios positivos que recibas. A menudo, las cualidades que admiran los demás son ventanas a tu luz interior. Reflexiona sobre esas palabras de afirmación como posibles indicadores de las fortalezas y virtudes que a veces podrías pasar por alto.

3. **Fíjate en patrones de impacto positivo:** Reflexiona sobre situaciones en las que tus acciones animaron o inspiraron a los que te rodean. Tal vez hayas notado que tus ánimos ayudan a otros a superar desafíos o que tus ideas creativas unen a la gente. Reconoce que esos patrones recurrentes pueden destacar las formas en las que tu yo luminoso contribuye al bien común.

4. **Conecta con tus pasiones creativas:** Considera practicar las actividades que enciendan tu pasión, ya sea el arte, la música, la escritura o cualquier otra forma de expresión creativa. Cuando practicas estas actividades no solo estás expresando tu luz interior, sino también

conectando con tu sentido del propósito más profundo. Estos momentos creativos revelan cómo se transforma tu energía en expresiones tangibles de belleza e innovación.

5. **Visualiza tus aspiraciones y a tu futuro yo:** Enfócate en tus sueños y en la persona que aspiras ser. Reflexiona sobre las cualidades, los logros y el impacto que visualizas para tu futuro. Esas aspiraciones son una manifestación directa de tu luz interior y te guían hacia una vida que resuena con tu verdadero potencial. Al esclarecer tu visión, creas un mapa de ruta que alinea tus acciones diarias con tu yo superior.

Los 6 principios del trabajo iluminador

PRINCIPIO 1: Ilumina tus dones y fortalezas

El primer principio del trabajo iluminador es la exploración activa de tus dones, tus virtudes y tu potencial único. Este principio requiere que reconozcas los aspectos de ti que no nacen del ego, sino de tu esencia natural. Aquí analizarás tu habilidad novedosa para crear belleza, nutrir la conexión y favorecer la transformación en tu interior y en aquellos que te rodean.

PREGUNTAS PARA REFLEXIONAR

1. ¿Qué fortalezas y dones poseo que le resultan auténticos a mi verdadero yo?

2. ¿Qué cualidades personales me halagan con frecuencia?

3. ¿Qué actividades o prácticas me hacen sentir más alineado con mi verdadero yo?

4. ¿Cómo puedo usar mis fortalezas y dones para ayudar a los demás?

5. ¿Cuáles son mis 3 mejores virtudes? (Ej.: compasión, paz, honestidad, valentía…).

PRINCIPIO 2: Contribución comunitaria a través de acciones intencionales

Mientras que el trabajo con la sombra se basa más en arrancar las malas hierbas del jardín de tus mundos interiores, el trabajo iluminador se centra en plantar las semillas de intención, virtud y crecimiento alineadas con el bien común. No es meramente egoísta, sino inherentemente colectivo. Cuanto más canalices tu luz, más iluminarás a los que te rodean.

PREGUNTAS PARA REFLEXIONAR

1. ¿Cuándo he contribuido al bien común de mi comunidad? ¿Qué he hecho? ¿Cómo me hizo sentir?

2. ¿Qué semillas de intención puedo plantar para que dejen una marca y un impacto duraderos en los demás?

3. ¿Cómo conecto de forma significativa con los demás?

4. ¿Cómo puedo inspirar empatía, autenticidad o creatividad en aquellos que me rodean?

5. ¿Cómo es vivir y actuar como mi yo superior?

PRINCIPIO 3: Expresión de plenitud: de la integración de la sombra a la expresión de la luz

Cuando has sanado tus heridas, el trabajo iluminador es la fuerza que te pregunta: «¿Y ahora qué?». El trabajo con la sombra radica en sanar e integrar las partes ocultas de tu ser, mientras que el trabajo iluminador lleva esa integración un paso más allá, personificándolo en la vida diaria. Es la expresión activa de tu trabajo interior y tu plenitud a través de decisiones y acciones conscientes. Carl Jung creía que la integración y el proceso de individuación eran necesarios para personificar tu verdadero ser. Una vez que la sombra está integrada, el trabajo iluminador se centra en expresar y personificar esa plenitud integrada.

PREGUNTAS PARA REFLEXIONAR

1. ¿Qué lecciones he aprendido de mi pasado?

2. ¿Cómo estoy aplicando ahora las lecciones que aprendí del pasado?

3. Imagina a tu ser más sabio. ¿Qué aspecto tienes? ¿Cuál es tu rutina diaria? ¿Cómo se sienten y cómo suenan tus interacciones con los demás?

4. ¿Qué partes de mi ser luminoso siento que estoy ocultando y estoy preparado para enseñar al mundo?

5. ¿Cómo puedo honrar a mi sombra y a mi luz cuando interactúo con el mundo?

PRINCIPIO 4: Materialización creativa

El trabajo iluminador progresa a través del impulso creativo, la fuerza que transforma ese potencial interior en una expresión exterior. La creatividad nos permite liberar identidades antiguas, formar otras nuevas y concebir ideas que se alineen con nuestros seres en constante evolución. La materialización creativa es cómo externalizamos nuestra luz interior a través de los símbolos, los colores, las definiciones y las diversas interpretaciones del significado y el propósito que elegimos, ya sea a través del arte, la innovación o cómo solventemos las acciones del día a día. Es cómo conectamos y nos expresamos y cómo inspiramos a los demás. Es el puente entre quiénes somos y el cambio que deseamos ver en el mundo.

PREGUNTAS PARA REFLEXIONAR

1. ¿Qué me hace sentir más vivo, incluso en pequeñas formas? ¿Hay algo que creo que debo construir, hacer o inspirar?

2. ¿Qué vías de escape tengo?

3. ¿Qué símbolos, colores o ideas se alinean más con la persona en la que me estoy convirtiendo? (Por ejemplo, el símbolo de la flor de loto me recuerda a salir del lodo emocional y florecer. El color dorado también se convirtió en un símbolo de resplandor interior para mí).

4. ¿Cómo puedo inspirar cambios positivos en los demás con mi energía creativa vital?

5. ¿Qué ideas o proyectos están esperando que los muestre al mundo?

PRINCIPIO 5: Trabaja con tu energía usando la escala de la conciencia

Todo cambio y transformación empieza con el conocimiento. La escala de la conciencia es tu brújula para llevar a cabo el trabajo iluminador. Úsala para detallar tu estado de ser actual y decidir si necesitas atravesar, ocuparte de o amplificar una emoción que estés experimentando.

PREGUNTAS PARA REFLEXIONAR

1. ¿Qué parte de mi vida siento más equilibrada y cuál necesita más atención?

2. ¿Cómo puedo usar mis fortalezas y dones para brindar más equilibrio y armonía a mi vida?

3. ¿Qué parte de la escala de la conciencia encaja ahora con mi estado emocional?

4. ¿Cuáles son las tres cosas que puedo hacer hoy que me centren y aviven mi luz?

5. ¿Cómo voy a honrar la naturaleza fluida de mis emociones? ¿Cómo puedo demostrarme compasión durante este viaje?

PRINCIPIO 6: Usa tu voz como instrumento de cambio

Una de las formas superiores del trabajo iluminador es usar tu voz para abogar por los demás, luchar contra la injusticia y promulgar el cambio. Cuando aprendemos a usar nuestra voz con verdad y valentía, nuestras palabras se vuelven música que despierta cosas en los demás.

PREGUNTAS PARA REFLEXIONAR

1. ¿Cómo puedo usar mi voz hoy para abogar por algo en lo que creo?

2. ¿Qué injusticias o problemas en el mundo me importan de verdad?

3. ¿Qué palabra, vivida de forma plena, podría volverse un destello en el mundo que me rodea?

4. ¿Cómo puedo inspirar a los demás para que también encuentren y usen sus voces?

5. ¿Qué mensaje necesita el mundo de mí y cómo puedo transmitirlo con autenticidad?

Cómo evaluar tu consciencia

Antes de adentrarnos en el trabajo iluminador, deberías prepararte para evaluar tu consciencia, que incluye reflexionar de forma sincera sobre tus pensamientos, palabras y acciones, con el fin de identificar áreas de bloqueo o influencias negativas que puedas estar atrayendo a tu vida y a tu estado de ser. Regresa a esta página cuando necesites reevaluar tu consciencia. Las preguntas que verás a continuación están pensadas únicamente para la reflexión. No necesitas escribir las respuestas a menos que sientas la necesidad de hacerlo.

Preguntas para ayudarte a evaluar tu consciencia

◇ ¿He actuado con sinceridad e integridad en todas mis interacciones?

◇ ¿He estado plenamente presente en mis conversaciones? ¿He escuchado con atención o he permitido que mi mente se disperse?

◇ ¿He expresado gratitud genuina hacia los demás, las experiencias y las oportunidades de mi vida?

◇ ¿Me he responsabilizado de mis acciones, he reconocido mis errores y los he corregido cuando ha sido necesario?

◇ ¿He puesto en práctica el autocuidado, priorizando mi bienestar mental, emocional y físico?

◇ ¿He ofrecido apoyo, amabilidad y empatía a los demás, especialmente en tiempos de necesidad?

- ◇ ¿Me he abstenido del chisme o de participar en conversaciones negativas que podrían dañar mis sentimientos o los de los demás?
- ◇ ¿He mantenido límites sanos para proteger tanto mi energía como la de aquellos que me rodean?
- ◇ ¿He sido paciente, comprensivo y compasivo en momentos de conflicto o desacuerdo?
- ◇ ¿He intentado aprender de mis experiencias y aprovechar las oportunidades para crecer de forma personal?
- ◇ ¿He reconocido y celebrado las fortalezas y logros de los demás sin sentir envidia?
- ◇ ¿He prestado atención al lenguaje que uso para asegurarme de que mis palabras inspiran en vez de destruir?
- ◇ ¿He contribuido de forma positiva a mi comunidad o círculo social a través de actos de amabilidad y servicio?
- ◇ ¿He cultivado y compartido mis dones y talentos con aquellos que me rodean de forma deliberada?
- ◇ ¿He practicado el perdón, propio y hacia los demás, cuando se cometen errores?

Indicios de que tu luz está expandiéndose y brillando con más intensidad

Aquí tienes claros indicadores de que funcionas impulsado por tu luminosidad:

- ★ Regulas mejor tus emociones
- ★ Te sientes seguro de ti mismo y confías en ti
- ★ Sonríes, te ríes más y mantienes una actitud positiva
- ★ Vives en el presente, más que en el pasado y el futuro
- ★ Inspiras a los que te rodean a crecer
- ★ Permaneces tranquilo en el caos
- ★ Te percatas de los destellos de cada día
- ★ La sincronicidad sucede a tu alrededor continuamente
- ★ Los desconocidos halagan tanto tu energía como a ti

Comprende tus destellos emocionales

Los destellos son las señales sutiles y positivas que revelan tu luz interior, incluso en los momentos más difíciles. Son pequeñas chispas de esperanza, fortaleza e inspiración que te recuerdan tu capacidad inherente de crecer, conectar y crear. Al igual que las emociones negativas pueden servir de detonante para el trabajo con la sombra, estos destellos emocionales señalan todas esas áreas en las que tu luz brilla más fuerte. Mientras que los detonantes activan tu respuesta de estrés —tus reacciones de supervivencia—, los destellos activan tu energía ventral vaga, ese estado en el que te sientes tranquilo, conectado y estable. Percatarte de estos destellos te ayuda a permanecer regulado y alineado con tu ser luminoso. Aquí tienes siete destellos emocionales clave que debes reconocer y nutrir.

Destellos

1. **Momentos de gratitud:**
   La gratitud es el cálido abrazo de energía positiva que te ayuda a reconocer las cosas buenas en tu vida, aunque solo sean pequeños momentos. Cuando el cajero en el supermercado se ríe de tu chiste. Cuando ves una mariposa en el parque. Cuando la luz cálida del sol te baña la cara. Percatarse de esas bendiciones diarias transforma los desafíos en lecciones e imbuye de significado cada experiencia. Cuando la gratitud brilla, alimenta un punto de vista más positivo y te inspira a compartir tu abundancia con los demás.

2. **Momentos de pasión:**
   A diferencia de la ira destructiva, la pasión empoderada es una fuerza constructiva que aviva tu motivación por el cambio positivo. Emerge cuando reconoces una oportunidad para defender lo que es correcto a la hora de mejorar una situación y canaliza tu energía en forma de soluciones creativas y acciones transformadoras que son impulsadas por una motivación y propósito mayores.

3. **Momentos de compasión:**
   La tierna compasión es una suave empatía que te conecta tanto con tu corazón como con el de los demás. Este destello transforma momentos de tristeza en oportunidades de comprensión y amabilidad. Como cuando te das cuenta de que a alguien le cuesta cruzar una calle o cuando ves que un amigo tiene problemas. Te recuerda que la vulnerabilidad

puede ser una fuente de fortaleza y que cuidar de ti mismo y de los demás es un aspecto vital de tu luz.

4. **Momentos de humildad:**
   La auténtica humildad te permite reconocer tus imperfecciones con gracia y convierte cualquier posible vergüenza en un catalizador de conexión sincera. Como admitir en una reunión que no sabes la respuesta y ver cómo esa sinceridad invita a que los demás también bajen la guardia.

5. **Inspiración y admiración:**
   Cuando experimentas admiración e inspiración ves los éxitos y las cualidades de los demás como reflejos de lo que es posible en tu interior. Este destello transforma la comparación en inspiración y te anima a celebrar tus fortalezas a la vez que animas a aquellos que te rodean.

6. **Momentos de reflexión:**
   La reflexión desde la esperanza es el contrapeso positivo del arrepentimiento. Este destello alimenta la resiliencia y la creencia de que todas las experiencias contribuyen a tu evolución continua.

7. **Momentos de curiosidad:**
   La curiosidad es la chispa que te impulsa a ir más allá de tu zona de confort y a enfrentarte al miedo. Transforma la aprensión en el deseo de explorar nuevos horizontes y de abrazar el cambio. Este destello te empodera para permitirte ver los desafíos como oportunidades o aventuras y promueve el aprendizaje y la expansión personal continuos.

Prestando atención a estos destellos emocionales podrás reconocer con mayor claridad dónde ya está funcionando tu luz interior. Cada destello sirve como invitación para alimentar tus fortalezas, construir sobre tus experiencias positivas y compartir tu brillo auténtico con el mundo. Avanza hasta la página 104 para practicar un ejercicio sobre cómo notar esos destellos y descarga la aplicación Zenfulnote para empezar a registrarlos desde tu teléfono.

REGISTRA TUS DESTELLOS
DESCARGA LA APLICACIÓN ZENFULNOTE

Escanea aquí

Consejos para expandir tu conciencia consciente

- En vez de etiquetar a los demás como «malos» o «malvados», ten presente que están **funcionando dentro de los límites de su conciencia actual.** Sus acciones reflejan su conocimiento limitado, no un defecto fundamental de su carácter. Este sencillo cambio te ayuda a **reemplazar el juicio con empatía y la capacidad de perdonar.** Recuerda: cuanto mayor sea tu conciencia consciente, más indulgencia y menos críticas recibirás de los demás.

- **Comprométete contigo mismo** antes de comprometerte con algo o con otra persona. Mantente cerca y centrado antes de expandirte demasiado. Pasa tiempo a solas. Escribe un diario, medita, contempla, busca tu paz interior. **Conoce mejor tus creencias** para poder adaptar tus objetivos de manera acorde. Cuanto más aceptes tu luz con amor, más crecerás y florecerás.

- Tienes el poder de despertar tu propia autenticidad. Recuerda lo que te gustaba hacer de pequeño. **Piensa como un niño desde el corazón** y empieza a hacer las cosas que **hacen feliz a tu alma** con los recursos que tienes disponibles ahora.

- ✦ Recuerda **responder a la vida** más que reaccionar a ella. Tómate un momento antes de hablar. Respira hondo. Reconoce tus sentimientos. No te identifiques con ellos, más bien **obsérvalos desde arriba.** Habla y actúa de un modo que refleje quién eres.

- ✦ Cambia tu atención. Redirige tu energía. Haz cosas que te recarguen. Cambia de ambiente durante unas pocas horas. **Lleva a cabo el trabajo iluminador.** Te despertarás diferente.

- ✦ Pon en práctica el perdón sincero contigo mismo y sé generoso a la hora de perdonar a los demás. Aferrarte a cargas o al peso de la vergüenza **es decisión tuya.** No te mereces vivir reprimido ni limitado. Permítete fluir. Sé consciente de cuándo tu crítico interior te está saboteando. **Recupera tu paz** con abundancia, gracia y consideración.

- ✦ **Acéptate exactamente como eres en este momento.** Confía en que todo se desarrollará a tu favor y que estás justo donde tienes que estar. Sé consciente de que cada pensamiento, sentimiento y estado es temporal y halla motivación en la certeza de que una nueva idea u ocurrencia inesperada puede cambiar toda tu vida. Permanece abierto a las nuevas posibilidades y acepta el lugar en el que te encuentras ahora mismo.

- ✦ Deshazte de la mentalidad del «atrás». No malgastes tu energía discutiendo con la realidad. No pierdas tiempo deseando estar en un lugar diferente, teniendo una carrera profesional diferente o necesitando una pareja de vida para ser feliz. En cambio, **acepta y elige *amar* de forma radical el lugar en el que estás.** Luego, reconoce adónde te gustaría llegar y ponte manos a la obra para conseguirlo.

- ✦ Recuerda: sigue el camino de tu **felicidad**. Cuando sientas dudas, frustración o irritación, elige la felicidad. ¿Qué es para ti la felicidad en ese momento? Sigue ese camino.

2

Ejercicios para el trabajo iluminador

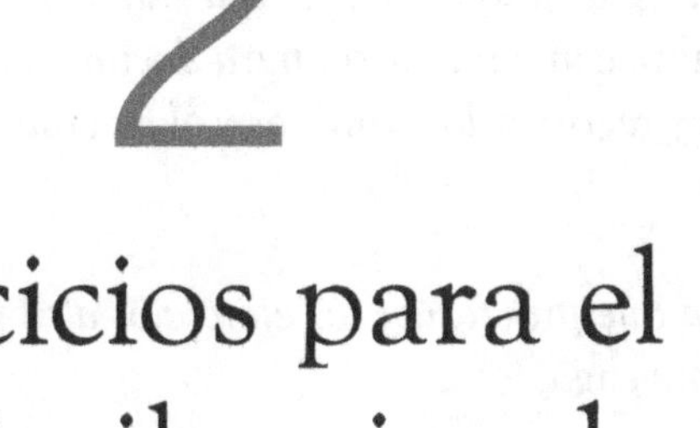

Mapeo de dones de tu niño interior

Afirmaciones para los dones de tu niño interior

Libera tus miedos

Mantras de luz

Espejo radiante

Registro de halagos

Acepta la vulnerabilidad social

Una carta de tu yo superior

El proceso de redirigir tu mente a reconocer tu luz puede llevar tiempo, paciencia y esfuerzo. Para ayudarte con eso, recomiendo dedicar entre cinco y diez minutos a la semana a llevar a cabo un ejercicio de trabajo iluminador. Eso te brindará la oportunidad de reflexionar sobre tus relaciones, tus reacciones y tus pensamientos.

Es importante que recuerdes que quizá te sientas bloqueado o indeciso a la hora de abordar estos ejercicios, pero es normal y una parte necesaria del proceso. Usa la escala de la conciencia (página 26) para hallar formas de desbloquear lo que está conteniendo tu luz y usa esta parte del libro como un diario para documentar tus descubrimientos y reflexiones y registrar los cambios y el crecimiento de tu luz con el paso del tiempo.

Te animo a que practiques los ejercicios a tu ritmo y en el orden que mejor te convenga.

Mapeo de dones de tu niño interior

EJERCICIO

Redescubre los brillantes dones de tu niño interior evaluando los atributos que se enumeran a continuación. He descubierto cuatro dones primarios que explorar: **alegría**, **creatividad**, **curiosidad** y **resiliencia**. Estas son expresiones de energía pura, sin filtrar, que antes definían tu espíritu juvenil y ahora quieren abrirse paso en tu interior. Medita con cuáles de esos atributos te identificas y fíjate en cómo han aparecido en tu vida, aunque sea de forma sutil. Rodea o marca los que se alinean contigo.

POR QUÉ

Mientras que el *mapeo de las heridas* de tu niño interior te ayuda a comprender las áreas en las que quizá te hayan herido, el *mapeo de los dones* de tu niño interior te invita a reclamar los talentos y las energías positivas que antes personificabas. Reconocer estos dones puede desviar el foco de tu atención del dolor al potencial, empoderándote para que alimentes tu luz interior e imbuyas tu presente de la inocencia y la luz de tu juventud.

★ EL DON DEL JUGUETÓN

- Le encanta el día a día.
- Se ríe con libertad y de forma espontánea.
- Los momentos sencillos le producen alegría.
- Es un espíritu libre y alegre.
- Sabe cuándo jugar y cuándo descansar.
- Atrae a las personas que son juguetonas y alegres.

★ EL DON DE LA CREATIVIDAD

- Ve belleza en lo común.
- Expresa ideas originales con audacia.
- Transforma momentos en arte.
- Se energiza con las chispas de la imaginación.
- Acoge la originalidad con pasión.
- Atrae a personas que celebran la expresión creativa.

★ EL DON DE LA CURIOSIDAD

- Ansía descubrir y vivir nuevas experiencias.
- Hace preguntas atrevidas y arriesgadas.
- Explora el mundo con asombro.
- Se desarrolla con cada momento de aprendizaje.
- Se motiva por una curiosidad insaciable.
- Atrae a las personas que anhelan explorar y aprender.

★ EL DON DE LA RESILIENCIA

- Se recupera enseguida de los contratiempos.
- Convierte los desafíos en desarrollo.
- Halla fuerza en cada problema.
- La persistencia lo empodera.
- Se fortalece en la adversidad.
- Atrae a personas decididas e inspiradoras.

Afirmaciones para los dones de tu niño interior

EJERCICIO

Busca un espacio tranquilo y cómodo donde no te molesten. Siéntate o permanece en una postura relajada y cierra los ojos durante un momento para centrarte. Cuando estés listo, abre los ojos y colócate frente a un espejo. Repite las afirmaciones siguientes en voz alta e imagina que se las estás diciendo directamente a tu niño interior. Dota de emoción cada afirmación. Cada conjunto de afirmaciones corresponde a uno de los cuatro dones: alegría, creatividad, curiosidad y resiliencia. Permite que estas palabras resuenen con fuerza en tu interior.

POR QUÉ

Estas afirmaciones son herramientas poderosas para reconectar con las cualidades positivas e inherentes de tu niño interior. A pesar de que la vida quizá haya atenuado tu luz interior, estas afirmaciones sirven como recordatorios de la alegría, creatividad, curiosidad y fuerza que siempre han formado parte de ti. Al repetir estas declaraciones, empiezas a resucitar y a alimentar esos dones.

★ EL DON DEL JUGUETÓN

- Acepto la alegría.
- Me permito reírme libremente y alegrarme en cada momento.
- Siento asombro por los placeres simples de la vida.
- Invito la diversión y el juego a mi vida.
- Expreso mi naturaleza alegre sin miedo.
- Atraigo la alegría y la positividad con mi energía radiante.
- Atraigo aventuras que expanden mis horizontes y me enriquecen el alma.

★ EL DON DE LA CURIOSIDAD

- Honro mi curiosidad y la sed de descubrir cosas nuevas.
- Mis preguntas conducen a una perspectiva y comprensión más profundas.
- Tengo libertad para explorar la vida con curiosidad y el corazón abierto.
- Acepto todas las experiencias como oportunidades para aprender.
- Confío en la gran misión de mi vida.

★ EL DON DE LA CREATIVIDAD

- Honro mi espíritu creativo y lo expreso con audacia.
- Veo belleza y potencial en todas las experiencias.
- Confío en que mis impulsos creativos me guíen.
- Le veo el sentido a la rutina.
- Acepto ideas innovadoras y les doy vida.
- Soy una fuerza creativa y convierto las visiones en realidad con facilidad.

★ EL DON DE LA RESILIENCIA

- Honro mi fuerza interior y mi capacidad de superar desafíos.
- Me fortalezco con cada experiencia, por muy dura que sea.
- Confío en que mi resiliencia me guiará a través de las dificultades.
- Convierto los obstáculos en oportunidades de crecimiento y renovación.
- Mi fuerza me alienta y también anima a los demás.

Libera tus miedos

EJERCICIO

Libera miedos atrapados eligiendo una de las actividades de la siguiente página. Antes de empezar, tómate un momento para analizar cómo te sientes. Cuando termines, reconéctate contigo mismo para observar cualquier cambio en tu estado emocional.

POR QUÉ

El miedo es una energía potente que puede bloquear tu luz y evitar que alcances todo tu potencial. Cuando el miedo se queda atrapado en tu interior, puede manifestarse tanto en el cuerpo como en la mente de varias formas, desde una sutil sensación de tensión o indecisión a otras mucho más complejas que pueden llegar a producir ansiedad y depresión. Empieza por anular el poder que ese miedo ejerce sobre ti. Este proceso ayuda a restaurar el equilibrio sentando las bases para la valentía, el empoderamiento y un estado más abierto y resiliente del ser.

Toca la tierra (imagina que tu miedo se disuelve en la tierra).

Pon una canción que te haga sentir confianza y baila.

Haz una meditación para superar el miedo.

Toma el sol durante diez minutos.

Dúchate (imagina que el agua se lleva toda la energía residual del miedo).

Haz una meditación guiada para liberar el miedo.

Escríbele una carta a tu miedo dándole las gracias y dejándolo ir.

Quema un papel que simbolice tu miedo.

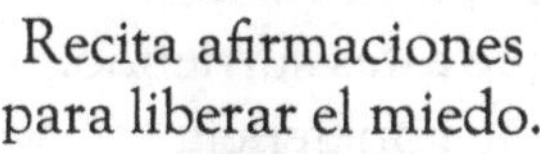

Recita afirmaciones para liberar el miedo.

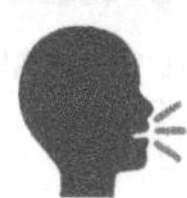

Usa el arte para dibujar.

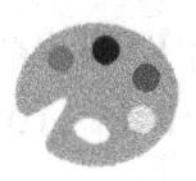

Respira centrándote en inspirar amor y compasión y exhalar el miedo.

Embárcate en un juego de rol para enfrentar y liberar el miedo.

Atención a la luz mediante la escala de la conciencia

EJERCICIO

Realiza este ejercicio y conviértelo en un hábito de tu trabajo iluminador. Unos pocos minutos de reflexión en silencio te brindarán una perspectiva nueva en cuanto a tu estado de ser.

1. Apunta tu estado emocional actual y a continuación consulta la escala de la conciencia en la página 26 para localizar en qué parte de la escala estás.

2. Después elige uno o más de los pasos que verás a continuación para elevar tu energía y apunta cualquier detalle o cambios en tu estado de ánimo.

POR QUÉ

Este ejercicio está diseñado para ayudarte a conectar de manera deliberada con tu estado actual y a seguir unos pasos factibles para superar cualquier tensión o resistencia que estés sufriendo. Al ubicar dónde te encuentras en la escala de la conciencia podrás empezar a actuar con el objetivo de elevarte a un estado de ser más empoderado.

PASO 1: Céntrate y estabilízate

- Busca un lugar tranquilo, siéntate de forma cómoda y cierra los ojos.

- Inspira de forma profunda varias veces para conectar con tu cuerpo y tus emociones.

PASO 2: Encuentra tu estado emocional actual en la escala

- Revisa la escala de la conciencia (en la página 26 y en las próximas actividades) y reflexiona sobre qué nivel representa mejor tu estado emocional actual.

- ¿Estás sintiendo emociones más oscuras (depresión, ansiedad, ira), estados medios (indiferencia, desconexión, estancamiento) o energías superiores (esperanza, entusiasmo, generosidad)?

PASO 3: «Acción»

PARA LOS NIVELES 1-5

- Reconoce y acepta el presente, percibiendo las emociones sin juicios. Repite las siguientes afirmaciones con intención:
    - *«Acepto todas mis emociones sin juicios».*
    - *«Honro mis sentimientos como indicios para la sanación».*
    - *«Transformo los desafíos en fuerza interior».*
    - *«Acepto la vulnerabilidad con compasión».*
    - *«Confío en que cada emoción me conducirá a la plenitud».*

- Practica la autocompasión. Mueve tu cuerpo con cuidado y suavidad y respira de forma lenta y profunda. Dedica entre cinco y diez minutos a demostrarte amor y amabilidad. Reconfórtate.

- Cambia el foco de tu atención. Reescribe los pensamientos negativos con un simple relato basado en la gratitud.
    - Por ejemplo, si te descubres pensando «No soy lo suficientemente bueno y siempre fracaso», intenta reformularlo como: «Agradezco cada desafío que me enseña y fortalece mi resiliencia. Cada contratiempo es una oportunidad para aprender y desarrollarme».

- Ejercita tu cuerpo. Intenta hacer diez sentadillas o elevaciones de brazos. Haz ejercicios o estiramientos para romper el ciclo de energía estancada.

- Sé creativo. Baila frente al espejo, dibuja con libertad, escribe unos versos improvisados y después pregúntate: «¿Qué mensaje profundo se esconde detrás de esto?». No tienes que ser un artista. La expresión creativa simplemente habilita un nuevo canal para que emerja la verdad, a menudo de maneras que la mente lógica es incapaz de alcanzar.

- Recuerda y vuelve a tu *ser*. Desafía las narrativas autocríticas afirmando tu valía y tu potencial. Cierra los ojos y vuelve a *ti*.

PARA LOS NIVELES 5-10

- Desarrolla tu fuerza. Escribe o enuncia tu progreso en voz alta. Establece objetivos pequeños y alcanzables.

- Escribe en tu diario. Apunta momentos de resiliencia, recuerdos y cambios positivos o destellos de tu día a día.

- Visualiza la energía superior e imagínate en un estado mayor de alegría, tranquilidad y empoderamiento.

- Conecta con alguien. Comparte tu perspectiva con un amigo o familiar comprensivo para reforzar tu crecimiento.

PARA LOS NIVELES 10-15

- Prolonga tu vibración meditando, expresándote de manera creativa y llevando a cabo actos de servicio.
- Afianza tu experiencia documentando momentos que afirmen tu estado elevado para que puedas volver a recordar tu luz siempre que sientas que se atenúa.
- Expande tu luz a aquellos a tu alrededor para poder reforzar tu propia energía.
- Establece intenciones. Esta es la energía más potente para plantar nuevas semillas de esperanza y sueños. Planea actividades que se alineen con tus valores y aspiraciones superiores.

Reflexión

Después de completar los pasos anteriores, pasa unos momentos en silencio. Medita sobre cualquier cambio de humor o energía y escribe esas percepciones en las próximas actividades de tu diario iluminador. Fíjate en qué acciones resuenan más contigo y cómo han contribuido a elevar tu frecuencia vibracional.

Actividad de atención a la luz

PASO 1: Céntrate y estabilízate

☐ Busca un lugar tranquilo.
☐ Inspira hondo (5 veces).
☐ Conecta con tu cuerpo y tus emociones sin juicios.

PASO 2: Identifica tu estado emocional actual

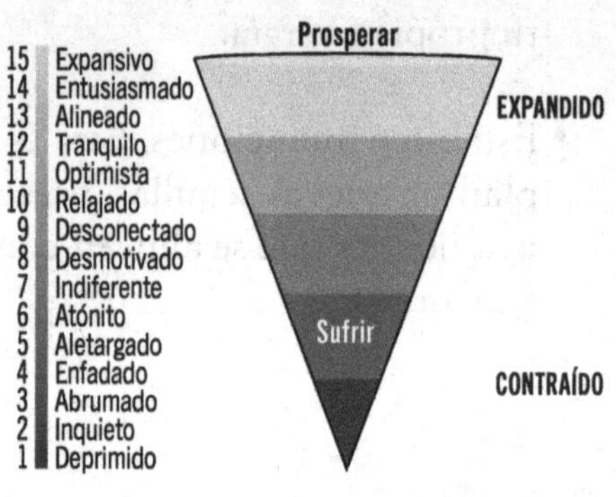

Utiliza la escala para identificar qué emoción resuena más contigo.

Ahora me siente:

____

(NIVEL: ☐SOMBRA ☐GRIS ☐LUZ)

PASO 3: Elige tus acciones

A continuación, marca una o más actividades que usarás para atender tu luz.

☐ Meditación / Ejercicios de respiración
☐ Expresión creativa
☐ Redefinición de pensamientos
☐ Movimiento o ejercicios
☐ Prácticas de agradecimiento
☐ Evaluación emocional con un amigo
☐ Escribir un diario
☐ Visualización
☐ Descanso / Reposo
☐ Otros: __________________

PASO 4: Reflexiona

¿Qué ha cambiado después del ejercicio, aunque haya sido de forma sutil?

____

____

____

¿Qué acción te ha resultado más útil y por qué?

____

____

____

¿Qué quieres recordar la próxima vez que te sientas así?

____

____

____

____

____

____

Actividad de atención a la luz

PASO 1: Céntrate y estabilízate

☐ Busca un lugar tranquilo.
☐ Inspira hondo (5 veces).
☐ Conecta con tu cuerpo y tus emociones sin juicios.

PASO 2: Identifica tu estado emocional actual

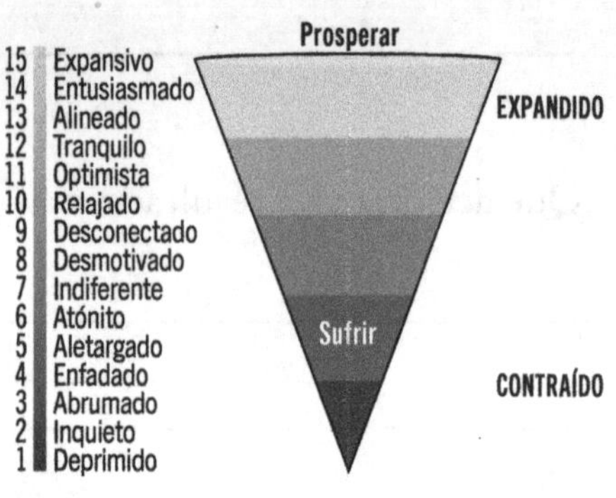

Utiliza la escala para identificar qué emoción resuena más contigo.

Ahora me siento:

____

(NIVEL: ☐ SOMBRA ☐ GRIS ☐ LUZ)

PASO 3: Elige tus acciones

A continuación, marca una o más actividades que usarás para atender tu luz.

☐ Meditación / Ejercicios de respiración
☐ Expresión creativa
☐ Redefinición de pensamientos
☐ Movimiento o ejercicios
☐ Prácticas de agradecimiento
☐ Evaluación emocional con un amigo
☐ Escribir un diario
☐ Visualización
☐ Descanso / Reposo
☐ Otros: ____________________

PASO 4: Reflexiona

¿Qué ha cambiado después del ejercicio, aunque haya sido de forma sutil?

____

____

____

¿Qué acción te ha resultado más útil y por qué?

____

____

____

¿Qué quieres recordar la próxima vez que te sientas así?

____

____

____

____

____

____

Actividad de atención a la luz

PASO 1: Céntrate y estabilízate

☐ Busca un lugar tranquilo.
☐ Inspira hondo (5 veces).
☐ Conecta con tu cuerpo y tus emociones sin juicios.

PASO 2: Identifica tu estado emocional actual

Utiliza la escala para identificar qué emoción resuena más contigo.

Ahora me siento:

____

(NIVEL: ☐ SOMBRA ☐ GRIS ☐ LUZ)

PASO 3: Elige tus acciones

A continuación, marca una o más actividades que usarás para atender tu luz.

☐ Meditación / Ejercicios de respiración
☐ Expresión creativa
☐ Redefinición de pensamientos
☐ Movimiento o ejercicios
☐ Prácticas de agradecimiento
☐ Evaluación emocional con un amigo
☐ Escribir un diario
☐ Visualización
☐ Descanso / Reposo
☐ Otros: ____________________

PASO 4: Reflexiona

¿Qué ha cambiado después del ejercicio, aunque haya sido de forma sutil?

____

____

____

¿Qué acción te ha resultado más útil y por qué?

____

____

____

¿Qué quieres recordar la próxima vez que te sientas así?

____

____

____

____

____

____

Actividad de atención a la luz

PASO 1: Céntrate y estabilízate

☐ Busca un lugar tranquilo.
☐ Inspira hondo (5 veces).
☐ Conecta con tu cuerpo y tus emociones sin juicios.

PASO 2: Identifica tu estado emocional actual

Utiliza la escala para identificar qué emoción resuena más contigo.

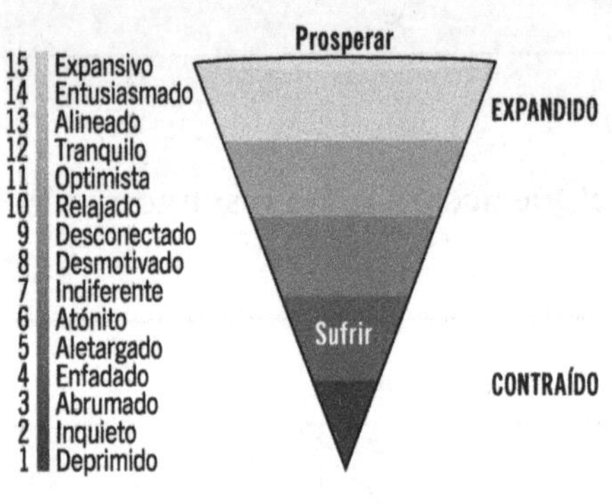

Ahora me siento:

____

(NIVEL: ☐SOMBRA ☐GRIS ☐LUZ)

PASO 3: Elige tus acciones

A continuación, marca una o más actividades que usarás para atender tu luz.

☐ Meditación / Ejercicios de respiración
☐ Expresión creativa
☐ Redefinición de pensamientos
☐ Movimiento o ejercicios
☐ Prácticas de agradecimiento
☐ Evaluación emocional con un amigo
☐ Escribir un diario
☐ Visualización
☐ Descanso / Reposo
☐ Otros: ____________________

PASO 4: Reflexiona

¿Qué ha cambiado después del ejercicio, aunque haya sido de forma sutil?

____

____

____

¿Qué acción te ha resultado más útil y por qué?

____

____

____

¿Qué quieres recordar la próxima vez que te sientas así?

____

____

____

____

____

____

Actividad de atención a la luz

PASO 1: Céntrate y estabilízate

☐ Busca un lugar tranquilo.
☐ Inspira hondo (5 veces).
☐ Conecta con tu cuerpo y tus emociones sin juicios.

PASO 2: Identifica tu estado emocional actual

Utiliza la escala para identificar qué emoción resuena más contigo.

Ahora me siento:

____

(NIVEL: ☐ SOMBRA ☐ GRIS ☐ LUZ)

PASO 3: Elige tus acciones

A continuación, marca una o más actividades que usarás para atender tu luz.

☐ Meditación / Ejercicios de respiración
☐ Expresión creativa
☐ Redefinición de pensamientos
☐ Movimiento o ejercicios
☐ Prácticas de agradecimiento
☐ Evaluación emocional con un amigo
☐ Escribir un diario
☐ Visualización
☐ Descanso / Reposo
☐ Otros: ____________________

PASO 4: Reflexiona

¿Qué ha cambiado después del ejercicio, aunque haya sido de forma sutil?

____

____

____

¿Qué acción te ha resultado más útil y por qué?

____

____

____

¿Qué quieres recordar la próxima vez que te sientas así?

____

____

____

____

____

____

Actividad de atención a la luz

PASO 1: Céntrate y estabilízate

☐ Busca un lugar tranquilo.
☐ Inspira hondo (5 veces).
☐ Conecta con tu cuerpo y tus emociones sin juicios.

PASO 2: Identifica tu estado emocional actual

Utiliza la escala para identificar qué emoción resuena más contigo.

Ahora me siento:

____

(NIVEL: ☐ SOMBRA ☐ GRIS ☐ LUZ)

PASO 3: Elige tus acciones

A continuación, marca una o más actividades que usarás para atender tu luz.

☐ Meditación / Ejercicios de respiración
☐ Expresión creativa
☐ Redefinición de pensamientos
☐ Movimiento o ejercicios
☐ Prácticas de agradecimiento
☐ Evaluación emocional con un amigo
☐ Escribir un diario
☐ Visualización
☐ Descanso / Reposo
☐ Otros: ______________________

PASO 4: Reflexiona

¿Qué ha cambiado después del ejercicio, aunque haya sido de forma sutil?

___

___

___

¿Qué acción te ha resultado más útil y por qué?

___

___

___

¿Qué quieres recordar la próxima vez que te sientas así?

___

___

___

___

___

___

Actividad de atención a la luz

PASO 1: Céntrate y estabilízate

☐ Busca un lugar tranquilo.
☐ Inspira hondo (5 veces).
☐ Conecta con tu cuerpo y tus emociones sin juicios.

PASO 2: Identifica tu estado emocional actual

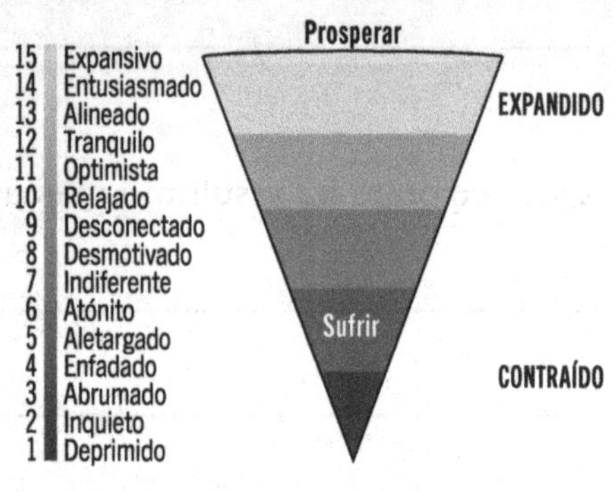

Utiliza la escala para identificar qué emoción resuena más contigo.

Ahora me siento:

____

(NIVEL: ☐ SOMBRA ☐ GRIS ☐ LUZ)

PASO 3: Elige tus acciones

A continuación, marca una o más actividades que usarás para atender tu luz.

☐ Meditación / Ejercicios de respiración
☐ Expresión creativa
☐ Redefinición de pensamientos
☐ Movimiento o ejercicios
☐ Prácticas de agradecimiento
☐ Evaluación emocional con un amigo
☐ Escribir un diario
☐ Visualización
☐ Descanso / Reposo
☐ Otros: ____________________

PASO 4: Reflexiona

¿Qué ha cambiado después del ejercicio, aunque haya sido de forma sutil?

___

___

___

¿Qué acción te ha resultado más útil y por qué?

___

___

___

¿Qué quieres recordar la próxima vez que te sientas así?

___

___

___

___

___

___

Ejercicio de protección

EJERCICIO

Busca un espacio tranquilo y cómodo donde puedas estar sentado sin que te molesten. Cierra los ojos e inspira hondo varias veces. Sigue los pasos y céntrate en proteger tu luz interior.

POR QUÉ

Esta práctica te ayuda a crear un espacio energético seguro de manera consciente, permitiendo que tu luz interior brille con intensidad sin negatividad externa. Aceptar protección energética te empodera para superar los desafíos de la vida con confianza, manteniendo tu espíritu vibrante y tu objetivo claro.

ESCUCHA LA GUÍA DEL
EJERCICIO DE PROTECCIÓN

Escanea aquí

1. Crea el espacio:

Busca un espacio tranquilo donde te sientas seguro y relajado. Cierra los ojos. Inspira hondo tres veces. Inhala por la nariz, exhala por la boca. Con cada respiración, suelta las tensiones que albergues. Sigue los siguientes pasos.

2. Visualiza tu escudo:

Imagina que una esfera radiante de luz cálida, brillante y protectora te envuelve poco a poco. Deja que te rodee por completo; visualízala justo en contacto con tu piel o unos pocos centímetros más allá, lo que sientas que es mejor para ti.

Con cada respiración, siente cómo la luz se fortalece y se vuelve más brillante. Imagina que sella tu energía positiva y que repele naturalmente cualquier cosa que no te pertenezca. Visualiza toda la negatividad rebotando en este campo, incapaz de tocarte.

3. Afianza la intención:

Repite en silencio esta afirmación:

> *«Estoy a salvo. Mi energía está protegida. Estoy alineado con mi verdad».*

Deja que las palabras penetren en tu cuerpo. Deja que se hagan realidad.

4. Contén la energía:

Permanece en ese espacio durante unos momentos. Permítete sentirte protegido, centrado y completo. Deja que el escudo se convierta en parte de ti.

5. Vuelve poco a poco:

Cuando estés listo, trae de vuelta tu consciencia a tu espacio. Mueve los dedos de las manos y de los pies. Abre los ojos lentamente. Ten presente que tu escudo permanece contigo.

Reflexión

¿Cómo has sentido esta visualización en tu cuerpo?

____

____

____

____

¿Qué te ha ayudado a sentirte protegido y conectado durante este ejercicio?

____

____

____

____

¿En qué momento de tu vida te resultaría útil acudir de nuevo aquí?

___

___

___

___

Preguntas para empoderar tu día

EJERCICIO

Empieza el día dedicando varios minutos a reflexionar. Responde a las siguientes preguntas en tu diario con sinceridad y claridad. Permite que te guíen hacia un día lleno de propósito, presencia y positividad. Puedes decidir volver a ellas a diario para crear un hábito de empoderamiento consciente.

POR QUÉ

Estas preguntas están diseñadas para empoderarte a través del aprendizaje de la conciencia de uno mismo, la intencionalidad y la compasión. Reflexionar sobre estos temas te ayuda a conectar con tu luz interior y reafirma que tus acciones estén alineadas con tus valores y aspiraciones.

✦ ¿Qué me hace feliz en mi vida ahora mismo y qué parte de eso me brinda alegría?

____

____

✦ ¿En este momento con qué estoy comprometido y por qué me resulta importante?

____

____

✦ ¿Cómo puedo sentirme bien hoy?

____

____

✦ ¿De qué formas puedo estar totalmente presente a lo largo del día?

____

____

✦ ¿Qué puedo dar hoy —ya sea amor, apoyo o inspiración— para mejorar el día de alguien?

____

____

✦ ¿Qué ayuda u orientación puedo pedir, y a quién?

____

____

✦ ¿Para qué puedo meditar / rezar o mandar intenciones positivas hoy?

____

____

Análisis de los cambios energéticos

EJERCICIO

Al principio y al final del día, tómate un momento para sintonizar con tu energía. Cierra los ojos, inspira hondo y pregúntate:

> *«¿Qué emoción dominante transmito ahora mismo?».*
> *«En cambio, ¿qué palabra me gustaría sentir?».*

Escribe ambas palabras y a continuación elige una simple acción sensorial. Por ejemplo:

- Quédate de pie bajo el sol.
- Pon las manos bajo un chorro de agua fría.
- Huele condimentos en tu cocina.
- Escucha el canto de los pájaros.
- Envuélvete en una manta o bufanda y siente su peso y textura.
- Quítate los zapatos y camina descalzo afuera.

Esto te ayudará a pasar de una emoción a otra. Después, reflexiona sobre lo que ha cambiado en tu cuerpo, tu respiración o tu actitud.

POR QUÉ

El análisis de los cambios energéticos te ayuda a cultivar tu conciencia energética y te da las herramientas para redirigir tu vibración de forma consciente en vez de que esta te arrolle. Las emociones son energía en movimiento; al identificarlas y elegir el estado deseado, empiezas a reclamar la autoría de tu mundo interior. Este ejercicio entrena tu sistema nervioso a reconocer posibilidades, incluso en los momentos pesados, desarrollando la agilidad emocional, la resiliencia y una conexión más profunda con tu luz interior.

PASO 1: Tómate un momento y pregúntate

¿Qué emoción dominante transmito ahora mismo?

Emoción actual: ______________________________

En cambio, ¿qué palabra me gustaría sentir?

Emoción deseada: ______________________________

PASO 2: Salva las distancias

Dedica dos minutos para hacer algo sensorial que cambie tu estado.

Ideas: Quédate de pie bajo el sol, baila, sacude los brazos o sujeta algo frío / estabilizador.

¿Qué actividad has elegido?

____

PASO 3: Reflexiona

¿Qué sientes ahora?

____

Rellena los espacios en blanco

EJERCICIO

En las siguientes páginas verás un tipo de ejercicio al estilo de «Juego de palabras locas». Está diseñado para ayudarte a reconocer en tu psique las voces del ego, la persona, la sombra y tu verdadero ser con claridad y sin prejuicios. Cuando no se las controla, algunas de las tres primeras voces pueden volverse automáticas y moldear tu lenguaje, comportamiento e incluso creencias internas de formas que te alejen de tu verdadero ser.

POR QUÉ

Al identificar cómo hablan tu persona, tu ego, tu sombra y tu verdadero ser creas el conocimiento necesario para poder buscar la alineación. El objetivo no es silenciar las voces, sino ser consciente de cuándo hablan y dejar espacio para que surja algo más profundo, sincero y controlado.

PARTE 1

Cuando entro en una habitación me percato de inmediato de ______________________ (lo que otros están diciendo/haciendo/llevan puesto).

Me digo que debería ser ______________________ (adjetivo), para que la gente crea que soy ______________________ (cualidad positiva).

Evito decir ______________________ porque no quiero que me vean como un o una ______________________.

En vez de eso, por lo general desempeño el papel de ______________________ (persona complaciente, líder, humorista).

En el fondo, temo que crean que soy ______________________ (miedo o inseguridad).

Así que sonrío, asiento y digo ______________________ (típica frase/texto personal).

Pero lo que *realmente* quiero decir es: ______________________.

PARTE 2

Cuando oculto cómo me siento de verdad, por lo general se debe a ______________________________ (un miedo o una razón).

Me digo que ______________________________ (lo que creas en ese momento).

En vez de expresarme, por lo general ______________________________ (acción o comportamiento).

Por fuera parezco ______________________________ (como te pueden ver los demás).

Pero por dentro la verdad es que me siento ____________________.

He aprendido a hacer esto por ______________________________ (una persona, ambiente o experiencia pasada).

Si tuviera que admitir lo que siento realmente, temo que _______ ______________________________.

Pero una parte de mí también sabe que ______________________ (lo que tu ser profundo sabe que es cierto).

Lo que verdaderamente quiero es sentir ______________________ y ser capaz de decir ______________________________.

PARTE 3

Cuando tengo el control, me siento ______________________ (emoción o estado de ser).

Me gusta saber ______________________ (lo que intentas predecir o dirigir).

Suelo encargarme de las situaciones cuando ______________ ______________ (miedo o detonante).

Si las cosas no van como había planeado, por lo general ________ ______________ (reacción o comportamiento).

En el fondo, me preocupa que, si no tengo el control, __________ ______________ (miedo principal).

He aprendido a ser así por ______________________ (persona, experiencia o ambiente).

La gente quizá me describa como ______________________, pero no siempre ven que también soy ______________________.

El control me ayuda a sentir ______________________, pero también evita que ______________________.

Lo que realmente necesito en esos momentos es ______________.

PARTE 4

Cuando siento la necesidad de demostrar mi valía, por lo general se debe a ________________________ (miedo o inseguridad principal).

Me centro en ________________________ (validación externa, apariencia, resultado).

Me preocupa que, si no lo logro, la gente crea que ____________ ____________________.

Intento sonar ________________________, actuar de forma ______________ o parecer ________________________.

He aprendido que ser impresionante = ____________________.

Pero en el fondo, realmente me siento ____________________.

Si pudiese dejar de demostrar, imagino que me sentiría ________ ____________________.

PARTE 5

Cuando protejo mi imagen, me convierto en una persona ______ __________________________ (controladora, silenciosa, que se pone a la defensiva).

Evito decir o hacer _________________________ porque no quiero que me vean como una persona ______________________________.

A menudo digo cosas como «_________________________________» para que la situación siga siendo perfecta o segura.

He aprendido que parecer ____________________________ es más importante que ser _________________________________.

Pero la verdad es que me da miedo que la gente vea ____________ __________________________.

Proteger mi imagen me ayuda a sentir _________________________, pero también me cuesta ________________________________.

Lo que ansío es libertad para _________________________________.

PARTE 6

Cuando me comparo con los demás, por lo general me siento ________________________ (celoso, estancado, inadecuado, etc.).

Me percato de que cuando más me comparo es cuando estoy con ____________________________.

Me digo «____________________________» (narrativa interna).

Intento compensar mis carencias ________________________ (cómo) o esconderme ____________________________ (cómo).

Aprendí al principio que ser «suficiente» significaba ____________ ________________________.

Pero las comparaciones me hacen sentir ____________________, aunque por fuera parezca ____________________________.

Lo que verdaderamente quiero es confiar en que ____________ ____________________.

PARTE 7

Cuando no me siento digno, empiezo a creer que ____________ ______________________ (un pensamiento doloroso que te repites a menudo).

Dejo de hacer ____________________________________ y me aíslo ___________________________________ (cómo).

Imagino que la gente me ve como __________________________, aunque no lo digan.

Me digo que seré suficiente cuando _________________________.

Pienso así desde _________________________________ (una hora, persona o momento).

Esa parte de mí que no se siente digna realmente anhela _______ ___________________________________.

Si pudiera hablar con esa parte de mí con compasión, le diría: «____».

PARTE 8

Cuando alguien me minimiza, al instante ______________________ ______________________ (una reacción o defensa).

Me digo: «Creen que soy ______________________», y empiezo a sentirme ______________________.

Quiero responder mal o desconectarme porque ______________________ ______________________.

En el fondo, sé que esta reacción está ligada a ______________________ ______________________ (una antigua herida, recuerdo o miedo).

Me cuesta admitir que esa parte de mí todavía siente que ______ ______________________.

Pero lo que realmente necesito en esos momentos es __________ ______________________.

Si pudiera ser sincero conmigo mismo, diría: «______________________ ______________________».

PARTE 9

Cuando siento celos, por lo general me comparo con ______________________________________.

Me digo: «A estas alturas ya debería ____________________».

Siento rencor porque me he esforzado mucho, pero ______________________________________.

Una parte oculta de mí quiere que la consideren ______________________________, pero rara vez lo digo.

Juzgo a los demás por ____________________, aunque en secreto yo también lo quiero.

Los celos me hacen sentir ____________________, pero me están señalando hacia ____________________.

Si esa sensación fuera un espejo, podría estar mostrándome: ______________________________.

PARTE 10

Me siento más yo mismo cuando ________________________ (lo que haces).

En esos momentos, no me importa ________________________ porque estoy conectado a ________________________.

Actúo sin cuestionar nada. Hablo desde ________________________.

Me doy cuenta de que sonrío más, respiro mejor o ________________________.

Las personas que sacan eso de mí son ________________________.

Quiero hacer más espacio en mi vida para ________________________.

PARTE 11

Cuando confío en mi conocimiento interior, siento ______________ ________________.

Tomo decisiones desde una posición de ______________________, no desde el miedo o la presión.

No necesito aprobación externa porque sé que ________________ ______________________________.

Antes he ignorado mi voz interior cuando ____________________ y eso ha desembocado en ____________________________.

Pero ahora siempre que le presto atención, me doy cuenta de que ____________________________________.

Mi cuerpo me dice que estoy alineado cuando ________________ __________________________.

PARTE 12

La gente a menudo me dice que soy naturalmente __________ __________________________ (una cualidad que los demás admiren de ti).

Cuando vivo en esa verdad, siento __________________ en mi cuerpo y ______________________ en mi presencia.

No tengo que esforzarme tanto; simplemente ______________ _________________.

Me siento más alineado cuando estoy haciendo ____________ __________________ o con ____________________.

La energía que transmito es ______________________ y permite que otros ______________________.

Cuando realmente soy yo mismo, sé que no estoy actuando. Soy/Estoy ________________________.

Lee la reflexión sobre cada parte de este ejercicio de abajo y luego regresa a la sección «Rellena los espacios en blanco» anterior completada por ti con este contexto en mente. Fíjate en cómo cada narrativa revela una voz distinta en tu interior, algunas moldeadas por la supervivencia, otras por el condicionamiento y otras por la verdad. Presta atención a lo que cambia conforme lo lees desde esta nueva perspectiva.

Partes 1-3: La persona
La narrativa que has completado en las partes 1 a 3 refleja la voz de la ***persona***: la parte de la psique desarrollada para movernos por el mundo exterior. Formada a través del condicionamiento, la observación y la repetición, la persona se adapta a las expectativas sociales con el objetivo de pertenecer, ser aceptada o evitar el rechazo. No es inherentemente falsa, pero sí está filtrada. Señala lo que es seguro, esperado o familiar. Ser consciente de esta voz te permite empezar a liberarte de su agarre y que algo más honesto emerja.

Partes 4-6: El ego
La narrativa que has completado en las partes 4 a 6 refleja la voz del ***ego***: la parte del ser que constituye la identidad, que lleva el control y protege tu sentido del «yo». El papel del ego es crear estructura, tomar decisiones y preservar la seguridad. Pero cuando no se controla puede volverse rígido, ponerse a la defensiva o apegarse demasiado a cómo *deberían* ser las cosas. Al reconocer el tono y los hábitos del ego, puedes pasar de la reacción a la reflexión: dejar espacio para el autoliderazgo más que para la autoprotección.

Partes 7-9: La sombra
La narrativa que has completado en las partes 7 a 9 refleja la voz de tu ***ser en la sombra***: las partes de ti que se han visto desplazadas, reprimidas o rechazadas. A menudo esas voces aparecen en forma de detonantes emocionales, miedos, proyecciones o vergüenza interior. Pueden parecer irracionales o dramáticas, pero transmiten la verdad. Conocer a tu sombra con compasión te permite comprender lo que todavía te duele, lo que todavía deseas que vean los demás y lo que te está pidiendo a gritos que te reintegres en tu plenitud.

Partes 10-12: Tu verdadero ser
La narrativa que has completado en las partes 10 a 12 refleja la voz de tu ***verdadero ser***: la parte de ti que permanece constante bajo la actuación, el miedo y la fragmentación. Esta voz habla con total claridad. Ni fuerza, ni compite ni se defiende. Simplemente sabe. Al reconocer esta voz y aprender a seguirla, empiezas a construir una vida basada en tu alineación interior, no en la aprobación externa. Este es el ser al que siempre regresas.

Lista de destellos

EJERCICIO

Vive los días con la intención de capturar los destellos que te rodean. Cuando tengas *Potencia tu lado luminoso* cerca, escribe cualquier destello que percibas. Los destellos son aquellos momentos sutiles de gratitud, alegría e inspiración. Aquí es donde puedes capturar el momento y luego dejar que tu luz interior brille saboreando la experiencia. Anota la fecha, una breve descripción del destello y cómo te ha hecho sentir. Con el tiempo, relee tu lista con el objetivo de reconocer patrones y celebrar la presencia repetida de energía positiva en tu vida.

POR QUÉ

El ejercicio de crear una lista de destellos está diseñado para ayudarte a concentrarte en las chispas positivas que revelan tu luz interior. Al percatarte conscientemente de estos momentos, cambias tu perspectiva de negativa a empoderada y reafirmas una actitud agradecida y de autoafirmación. Este ejercicio no solo alimenta tu luz interior, sino que también refuerza tu resiliencia y aumenta tu nivel general de satisfacción. Además, puedes usar la aplicación Zenfulnote para llevar un registro de los destellos sobre la marcha.

Escanea aquí

Lista de destellos

1. ____

2. ____

3. ____

4. ____

5. ____

6. ____

7. ____

8. ____

9. ____

10. ____

11. ____

12. ____

13. ____

14. ____

15. ____

16. ____

17. ____

Alquimia energética

EJERCICIO

Piensa en una experiencia o emoción reciente que te haya afectado. Por ejemplo, una discusión, un momento de autoestima baja o una oleada de ansiedad. Describe el suceso o el sentimiento brevemente. Luego pregúntate:

«¿Qué lección o poder se oculta bajo ese sentimiento?».
«¿Cómo puedo transmutar esa energía en algo útil o bonito?».

Ahora elige una forma de transmutarlo: escribe un poema, dibuja el sentimiento, mueve tu cuerpo con intención o pronuncia en voz alta una afirmación que surja de esa experiencia. El objetivo no es eliminar el sentimiento, sino transformarlo para darle un sentido.

POR QUÉ

La alquimia energética es la práctica de transformar plomo emocional en luz, un proceso que Carl Jung describió como la «alquimia psíquica»del alma. En vez de evitar la incomodidad, te enfrentas a ella con consciencia y permites que su energía se transforme en conocimiento y vitalidad. Cuando analizas el mensaje bajo el dolor, este te devuelve su poder. Así es como la sombra se vuelve brillante y como practicas el trabajo iluminador en tiempo real.

Siéntate con la emoción. Ponle nombre.

Emoción: ______________________________

Si ese sentimiento guardara un regalo en su interior, ¿cuál sería?

____

____

____

Escribe el próximo gesto más pequeño que honre este conocimiento.

____

____

Mantras de luz

EJERCICIO

Colócate frente a un espejo y lee los siguientes mantras positivos en voz alta. Repítelos varias veces y deja que cada frase cale hondo en ti hasta que la sientas natural y fortalecedora. Fíjate en cómo cambia tu energía, mejorando tu humor y alineándote con los estados superiores de la consciencia.

POR QUÉ

Los mantras positivos son afirmaciones poderosas que elevan tu energía y te guían hacia las frecuencias más altas de la escala de la conciencia. Al repetirlos de forma regular, reprogramas tu mente para enfocarte más en las creencias y emociones positivas y eliminar patrones de pensamiento limitantes y antiguos. Con el tiempo, te ayudarán a personificar un estado de excelencia vibracional, transformando tu actitud y tus acciones para que puedas convertirte en la persona positiva que aspiras ser.

Mantras de luz

Irradio amor, luz y un poder imparable.

✳

Tengo resiliencia y confianza en mí mismo y soy
capaz de superar cualquier desafío.

✳

Cada instante me llena de energía y alegría infinitas.

✳

Soy un imán para el éxito, la abundancia
y las oportunidades positivas.

✳

Confío en mi sabiduría interior; mi potencial no tiene límites.

✳

Estoy alineado con mi yo superior y acepto el brillo del ahora.

✳

Mi energía es vibrante; mi espíritu permanece indestructible.

✳

Todos los días elijo valentía, crecimiento y
una positividad inquebrantable.

✳

Mi luz interior me empodera para forjar mi propio destino.

✳

Merezco todas las cosas buenas; mi vida es
un reflejo de mi poder radiante.

Espejo radiante

EJERCICIO

Colócate frente a un espejo, relaja los hombros y mírate a los ojos. Pronuncia una verdad sobre ti mismo en voz alta. Podría ser una afirmación modesta, un recordatorio de tu resiliencia o una declaración de en quién te estás convirtiendo. Pronúncialo despacio. Deja que las palabras calen en ti. Entonces, respira hondo y observa cualquier sensación que aparezca en tu cuerpo. Después, anota lo que has dicho y cómo te ha hecho sentir. Repítelo diariamente y fíjate si, con el tiempo, la percepción que tienes de ti empieza a cambiar. Aquí tienes algunos ejemplos:

«He sobrevivido a cosas que nadie sabe».
«Soy más de lo que los demás pueden ver».
«Sigo progresando».

POR QUÉ

Cuando nos rechazamos a nosotros mismos, perdemos muchísima energía. El ejercicio del espejo radiante te ayuda a intimar con tu luz. Al enfrentarte a ti mismo, empiezas a reclamar el poder que podrías haber desviado a los demás. Este ejercicio favorece el autorreconocimiento, abre el camino hacia la autoestima y te recuerda que la luz que buscas ya existe en ti.

Fecha de hoy: ____________________

1. Colócate frente al espejo y lee esta frase en voz alta:

   «Hoy, honro mi luz recordando que...».

   Escribe tu afirmación o verdad aquí:

   ____

   ____

2. ¿Qué sensaciones o emociones has percibido después de pronunciar esto en voz alta?

   Anota cualquier cosa que hayas sentido (hormigueo, calidez, incomodidad, orgullo, etc.):

   ____

   ____

   ____

Registro de halagos

EJERCICIO

Dedica algo de tiempo cada día a anotar halagos: ya sea que provengan de otras personas o nazcan en tu interior. Escribe palabras sinceras y positivas que hayas oído sobre ti o de las que te hayas percatado durante tus interacciones. Reflexiona sobre el contexto: ¿Qué ha hecho que esos halagos sean tan relevantes? ¿Cómo te han hecho sentir? Este registro será una reserva de afirmaciones positivas que podrás consultar siempre que necesites un impulso de amor propio e inspiración.

POR QUÉ

Llevar un registro de halagos es una herramienta poderosa que potencia tu luz interior y te cambia la mentalidad. Al escribir y reflexionar sobre los comentarios positivos que recibes, fortaleces las cualidades que te hacen único y valioso. Este ejercicio te ayuda a contrarrestar los pensamientos negativos, te sube la autoestima y te anima a ver la belleza tanto en ti como en el mundo que te rodea. Al hacerlo, capturarás momentos fugaces de admiración y los transformarás en fuentes duraderas de fuerza interior y alegría.

Mi registro de halagos

Mezcla y une para iluminar tu camino

EJERCICIO

En esta actividad crearás una intención diaria personalizada mezclando y uniendo elementos clave de tu luz interior. Selecciona un elemento de cada una de las siguientes tres categorías:

- **Luz central:** Elige una frase que represente tu don interior.
- **Acción fortalecedora:** Elige una acción o ejercicio que te anime.
- **Afirmación positiva:** Elige una afirmación positiva que defina tu estado deseado.

Ahora combina tus elecciones en una afirmación poderosa. Por ejemplo, tu creación podría ser algo como: «Mi creatividad fomenta la expresión atrevida y brillo con energía vibrante». Escribe tu frase final a continuación y tómate un momento para reflexionar sobre cómo este mantra personalizado puede guiarte hacia un estado vibracional más elevado.

POR QUÉ

Este ejercicio de mezcla y une está diseñado para empoderarte creando una intención diaria que resuene con tu luz interior. Al elegir conscientemente elementos que reflejen tus dones, acciones fortalecedoras y afirmaciones positivas, diseñas una herramienta dinámica y personalizada para la transformación. Este ejercicio no solo fomenta la creatividad y la autoexpresión, sino que también refuerza tu compromiso de vivir de forma auténtica y te ayuda a deshacerte de hábitos limitantes y a desatar tu mayor potencial.

Luz central (Elige una):

- ☐ Mi creatividad
- ☐ Mi compasión
- ☐ Mi resiliencia
- ☐ Mi curiosidad
- ☐ Mi carácter juguetón
- ☐ Mi coraje
- ☐ Mi autenticidad

Acción fortalecedora (Elige una):

- ☐ Fomenta la expresión atrevida
- ☐ Nutre conexiones significativas
- ☐ Transforma desafíos en crecimiento
- ☐ Irradia amor y luz
- ☐ Provoca acciones valientes
- ☐ Restaura el equilibrio interior
- ☐ Brinda diversión a mi vida

Afirmación positiva (Elige una):

- ☐ ¡Brillo con energía vibrante!
- ☐ ¡Abrazo mi resplandor!
- ☐ ¡Vivo con propósito y alegría!
- ☐ ¡Soy resiliente y tengo recursos!
- ☐ ¡Estoy abierto a nuevas posibilidades!
- ☐ ¡Confío en el ritmo de mi vida!
- ☐ ¡Celebro pequeñas victorias a diario!

Escribe tu mantra final:

____

____

Acepta la vulnerabilidad social

EJERCICIO

Antes de tu próxima reunión social, usa *Potencia tu lado luminoso* para establecer la intención personal de ser abierto y vulnerable. Sigue los pasos en la siguiente página y comprométete a ponerlos en práctica.

POR QUÉ

Abrirte en un ambiente social es un acto de valentía que promueve la conexión auténtica. Al practicar la vulnerabilidad de forma intencionada, derribas los muros de las interacciones más precavidas e invitas a entablar relaciones más profundas. Este ejercicio no solo fortalece tu habilidad para ser sincero en tus interacciones, sino que también realza tu autoconciencia y tu crecimiento personal. Registrar las experiencias en tu diario te ayudará a registrar tu progreso y a aprender de cada encuentro, fortaleciendo gradualmente tu confianza y resiliencia en las reuniones sociales.

1. Comparte algo real

Empieza la conversación ofreciendo una pequeña verdad personal. Algo sincero, por muy sencillo que sea.

¿Qué has compartido?

____

____

____

____

2. Haz una pregunta abierta

Invita a otra persona a participar con una pregunta reflexiva.

¿Qué has preguntado?

____

____

____

____

3. Escucha con presencia

Estate allí no solo a nivel físico, sino también a nivel mental. No respondas de inmediato. Simplemente mantente presente y escucha con atención.

¿Qué has notado mientras estabas escuchando?

4. Nombra un sentimiento

Comparte cómo te has sentido en ese momento.

¿Qué emoción o sentimiento surgió en ese momento?

5. Presta atención a la incomodidad

¿Hubo algo que te haya hecho sentir raro o tenso?

____

____

¿Qué te ha resultado incómodo (en caso de haberlo)?

____

____

6. Reflexiona

¿Qué te ha enseñado este momento?

____

____

¿Harías algo de forma diferente la próxima vez?

____

____

Contribución a la humanidad

EJERCICIO

Este ejercicio está diseñado para ayudarte a canalizar tu crecimiento personal en acciones que beneficien a los demás. Empieza por reflexionar sobre las habilidades, talentos y pasiones únicas que hacen brillar a tu luz interior. Entonces, piensa en acciones que puedan beneficiar a tu comunidad o incluso a mayor escala. Elige una de las ideas que resuenen más contigo, planea cómo implementarla la próxima semana y llévala a cabo. Al final, reflexiona y escribe sobre tu experiencia, fijándote en que contribuir a la humanidad no solo enriquece la vida de los demás, sino que también profundiza tu sentimiento de propósito y conexión. Este proceso transforma el crecimiento individual en empoderamiento colectivo y crea una reacción en cadena de positividad que nutre tanto tu espíritu como el mundo a tu alrededor.

POR QUÉ

Contribuir a la humanidad es una forma poderosa de alinear tu luz interior con el bien común. Al compartir tus dones únicos, no solo enriqueces la vida de los demás, sino que también profundizas tu sentimiento de propósito y conexión. Este ejercicio ayuda a transformar el crecimiento personal en empoderamiento colectivo y crea una reacción en cadena de positividad que nutre tanto tu espíritu como el mundo que te rodea.

1. ¿Qué te ilumina?

Enumera unos cuantos talentos, habilidades o pasiones que te hagan sentir vivo.

Mis dones:

____

____

____

____

2. ¿Cómo puedo ayudar a los demás?

Piensa en formas de usar tus dones para ayudar a los demás.

Ideas para tener un impacto positivo en los demás:

1. ______________________________

2. ______________________________

3. ______________________________

____

____

____

____

3. Elige una

¿Qué idea te resulta más significativa o factible ahora mismo?

Elijo:

____

____

4. Da el paso

Pon tu plan en acción en algún momento de esta semana.

¿Cuándo lo harás?

____

5. Reflexiona

¿Cómo te has sentido ofreciendo tu luz?

____

____

____

____

¿Qué has aprendido sobre ti mismo?

Conoce a tu ser luminoso: meditación para la visualización

EJERCICIO

Empieza por escanear el código QR para acceder a esta meditación guiada para la visualización. Busca un lugar tranquilo y cómodo, libre de distracciones, ya sea una habitación acogedora o un sitio exterior tranquilo. Si lo prefieres, usa auriculares para sumergirte de lleno en la experiencia. Una vez sentado, sigue la meditación guiada para conectar con tu luz interior y permitir que tu conciencia se expanda y tu visión interna cobre vida.

POR QUÉ

La meditación para provocar una visualización es un ejercicio transformador que profundiza tu conexión con tu verdadero ser. Al fundirte con tu ser luminoso descubres fortalezas ocultas y ganas perspectiva sobre esos aspectos de ti que has estado reprimiendo o pasando por alto. Este proceso no solo potencia tu resplandor interior, sino que también te empodera para que dejes atrás hábitos limitantes y promueve el crecimiento, la claridad y una renovada sensación de propósito.

ESCUCHA LA

MEDITACIÓN PARA LA

visualización

Escanea aquí

Impulso de autoconfianza: micromeditación

EJERCICIO

Empieza por escanear el código QR para acceder a esta micromeditación. Busca un lugar tranquilo y cómodo donde sentarte, y cierra los ojos. Respira despacio y de forma profunda, centrándote en cada inhalación y exhalación. Deja que la meditación guiada te lleve a un estado de calma que favorezca la conciencia. Esta micromeditación está diseñada para impulsar tu confianza.

POR QUÉ

La respiración es una herramienta potente que ayuda a calmar el sistema nervioso y que fomenta un sentimiento de fuerza interior. Al practicar técnicas específicas de respiración puedes reducir el estrés, acallar tu mente y activar un estado de ser más equilibrado y relajado. Esta micromeditación te ayuda a cambiar el foco de la duda en ti mismo a la seguridad, empoderándote para aceptar tu potencial innato y aumentar tu confianza.

ESCUCHA LA

MEDITACIÓN DE LA

respiración

Escanea aquí

Pista motivacional sobre el trabajo iluminador

EJERCICIO

Empieza por escanear el código QR para acceder a esta pista de audio motivacional. Busca un lugar cómodo y tranquilo donde puedas sentarte sin que te molesten. Cierra los ojos y comienza a respirar despacio y profundo para centrarte. Deja que las afirmaciones rítmicas te lleven a un estado de calma y de energía elevada y que marquen el tono de un día lleno de inspiración y fuerza interior.

POR QUÉ

La música y las palabras en voz alta juntas forman una herramienta poderosa que no solo calma tu sistema nervioso, sino que también eleva tu energía de forma general. Al practicar técnicas conscientes de respiración y audición puedes reducir el estrés y hacer que tu cuerpo entre en un estado más relajado y equilibrado. Este proceso reduce la respuesta del estrés mientras que activa tu luz interior, lo que facilita que tu motivación aumente, tu bienestar mejore y que adoptes una mentalidad positiva que te beneficie a lo largo de tu viaje iluminador.

ESCUCHA LA

PISTA MOTIVACIONAL SOBRE EL

trabajo iluminador

Escanea aquí

Una carta de tu yo superior

EJERCICIO

Busca un rato tranquilo apartado de tu rutina habitual y permítete reflexionar demanera profunda. Imagina a esa parte sabia y empoderada de ti, tu yo superior, y deja que hable. Escribe una carta de tu yo superior dirigida a ti, ofreciéndote compasión, perspectiva y ánimo. Comparte los consejos, afirmaciones o conocimientos que necesites oír ahora mismo. Empieza con una frase sencilla y deja que tu corazón tome las riendas.

POR QUÉ

Escribir una carta que provenga de tu yo superior es un ejercicio poderoso que te conecta con tu sabiduría y fuerza interiores. Este ejercicio alimenta tu conexión con la parte más auténtica y empoderada de ti y te ayuda a superar los desafíos con claridad y compasión. Al conectar con tu yo más completo, creas un mapa de ruta para tu crecimiento personal y resiliencia y cultivas tu paz interior y un renovado sentimiento de propósito por el camino aún por recorrer.

De mi yo superior...

3

Afirmaciones para el trabajo iluminador

Bienvenido a la sección de afirmaciones de Potencia tu lado luminoso. *Aquí encontrarás afirmaciones diseñadas para ayudarte a conectar con la abundante fuente de luz y fuerza en tu interior. Antes de repetir las afirmaciones, tómate un momento para concentrarte. Inspira hondo y vacía tu mente. Cuando leas cada afirmación, hazlo con convicción y siente la energía que contienen las palabras y que resuena en tu cuerpo. Si alguna afirmación te resulta desafiante o débil, repítela una y otra vez con amor y paciencia hasta que puedas enunciarla con confianza. Convierte estas frases en parte de tu rutina y deja que te guíen a la hora de personificar la luz que albergas dentro.*

Amplifica tu ejercicio de afirmaciones con una pista guiada de sonidos. Escanea el siguiente código QR para escuchar, afirmar y permitir que las frases calen hondo en ti como una creencia de tu mente subconsciente a través de la música.

AFIRMACIONES

GUIADAS PARA TU

trabajo iluminador

Amor propio y aceptación

Repite

Me acepto y me quiero muchísimo tal y como soy.

Honro mi camino y celebro mi desarrollo.

Merezco amor, respeto y amabilidad.

Cada parte de mí contribuye a mi belleza única.

Acepto mis imperfecciones con compasión.

Soy suficiente tal y como soy.

Repite

Me nutro con cuidado y comprensión.

Me perdono por los errores del pasado y aprendo de ellos.

Atesoro el regalo de ser yo mismo.

Irradio una luz interior que ilumina mi mundo.

Confío en mí mismo para tomar decisiones conscientes y llenas de amor.

Acojo todos los aspectos de mi ser con los brazos abiertos.

Repite

Me permito crecer y evolucionar.

Me trato siempre con amabilidad.

Merezco felicidad y plenitud.

Celebro la persona en la que me estoy convirtiendo cada día.

Respeto mis emociones como partes importantes de mi verdad.

Permanezco en mi poder y valoro mi luz interior.

Repite

Reconozco mi valía y mi belleza inherentes.

Me quiero de forma incondicional y profunda.

Soy la personificación del amor propio y la aceptación.

Confío en mi sabiduría interior y sigo a mi corazón.

Irradio amor y luz e inspiro a los demás.

Celebro mi originalidad con alegre autenticidad.

Fuerza interior y resiliencia

Repite

Soy fuerte, capaz y resiliente.

Supero los desafíos con valentía y elegancia.

Cada obstáculo es una oportunidad para crecer.

Confío en mi capacidad de superar dificultades.

Mi fuerza interior brilla como un haz de luz.

Me enfrento a las adversidades con una determinación serena.

Repite

Aúno fuerzas de mi pasado y construyo mi futuro.

Me adapto y prospero aun en tiempos inciertos.

Transformo los desafíos en un trampolín al éxito.

Me mantengo firme gracias a mi verdadero ser.

Acepto los desafíos como catalizadores para mi crecimiento.

Soy resiliente y me fortalezco con cada prueba.

Repite

Permanezco firme ante la incertidumbre.

Confío en que albergo el poder de triunfar en mi interior.

Permanezco enfocado, incluso en los momentos difíciles.

Crezco con cada experiencia y aprendo con elegancia.

Soy un guerrero de la luz, inalterable en mi camino.

Convierto los obstáculos en oportunidades de transformación.

Repite

Honro mi fuerza y permito que me impulse hacia delante.

Estoy capacitado para superar los altibajos de la vida.

Confío en que mi resiliencia me ayudará a atravesar los desafíos.

Avanzo con valentía y espíritu inquebrantable.

Transformo las adversidades en sabiduría y fuerza.

Mi resiliencia interior alimenta mi viaje hacia el crecimiento.

Creatividad y expresión

Repite

Soy una fuerza creativa y estoy lleno de ideas originales.

Mi imaginación fluye con libertad y facilidad.

Expreso mi verdadero ser con autenticidad y valentía.

La creatividad es el lenguaje de mi alma.

Acepto mi energía creativa con entusiasmo.

Encuentro formas nuevas de expresar mi luz interior cada día.

Repite

Canalizo mi creatividad de forma maravillosa.

Confío en mi intuición creativa y permito que me guíe.

La belleza a mi alrededor me inspira.

Mi arte refleja la verdad de quién soy.

Permito que mi espíritu creativo brille sin miedo.

Expreso mi visión con pasión y claridad.

Repite

Recibo inspiración de buena gana en cada momento de mi vida.

Mis ideas creativas fluyen como un arroyo resplandeciente.

Estoy abierto a experiencias nuevas que despierten mi imaginación.

Celebro la creatividad como una parte esencial de mi ser.

Convierto mis visiones en realidad con energía alegre.

Soy una persona creadora que moldea su vida con arte y pasión.

Repite

Mi energía creativa es infinita y nunca deja de expandirse.

Confío en mi capacidad de manifestar belleza a través de la expresión.

Comparto mis dones creativos con valentía.

La creatividad me llena de alegría e inspira mi camino.

Acepto ideas nuevas y las transformo en arte.

Permito que mi luz creativa brille en todo lo que hago.

Gratitud y alegría

Repite

Agradezco la abundancia en mi vida.

Cada momento es bello y lo valoro.

La gratitud me llena el corazón y orienta mi día a día.

Acepto cada nuevo día con alegría y optimismo.

Las sorpresas de la vida me resultan encantadoras.

Celebro las bendiciones de la vida con agradecimiento.

Repite

Aprecio el amor y la amabilidad que me rodean.

Mi corazón rebosa de gratitud por cada experiencia.

Agradezco las lecciones y alegrías en mi viaje.

La alegría fluye a través de mí y me anima en cada momento.

Irradio gratitud y atraigo más abundancia.

Acepto cada día con agradecimiento y felicidad.

Repite

Siento una profunda sensación de gratitud y alegría.

La gratitud me ancla al presente.

Reconozco los muchos regalos que la vida me ofrece.

Mi corazón agradecido ilumina mi camino.

Celebro cada momento con entusiasmo y alegría.

La gratitud transforma mi vida en un tapiz de luz.

Repite

Acepto la alegría que proviene de mi interior.

Cada instante me recuerda la belleza de la vida.

Agradezco las infinitas bendiciones a mi alrededor.

La alegría es mi estado natural y la comparto libremente.

Cultivo un corazón agradecido que irradia calor.

Tomo cada día como un regalo precioso lleno de potencial.

Conexión y compasión

Repite

Cultivo conexiones profundas y significativas con los demás.

Mi corazón está abierto a dar y recibir amor.

Trato a los demás con amabilidad y empatía.

Valoro las relaciones auténticas que me animan.

Soy una fuente de compasión y comprensión.

Conecto con los demás desde una posición de cuidado sincero.

Repite

Escucho atentamente las necesidades de las personas a mi alrededor.

Mi compasión crea un espacio alentador para sanar.

Honro las historias y experiencias de los demás.

Construyo puentes a través de la empatía y de una conexión genuina.

Comparto mi luz interior con los que la necesitan.

Celebro la interconexión entre todo tipo de vida.

Repite

Brindo amor y compasión a mí mismo y a los demás.

Estoy totalmente presente en cada interacción.

Valoro la belleza de la conexión profunda y humana.

Hablo y actúo con amabilidad y comprensión.

Ofrezco mi empatía libremente y sin prejuicios.

Dejo espacio para sanar y crecer a través de la compasión.

Repite

Valoro y nutro los lazos que enriquecen mi vida.

Mi corazón irradia calor y afecto.

Contribuyo de forma positiva a las personas que me rodean.

Acepto la vulnerabilidad como un camino hacia la conexión.

Respeto la importancia de la comunidad y el apoyo.

Estoy presente y soy comprensivo en todas mis interacciones.

Empoderamiento y propósito

Repite

Soy el arquitecto de mi propio destino.

Represento mi poder y tomo decisiones alineadas con mi verdad.

Cada paso que doy refleja mi propósito y mi pasión.

Tengo confianza en mi capacidad para crear cambios positivos.

Acepto mi camino personal con valentía y decisión.

Me siento capacitado para llevar una vida con sentido e impacto.

Repite

Confío en mi orientación interior y sigo a mi corazón.

Mi propósito brilla siempre con fuerza en mi interior.

Tengo la fuerza necesaria para perseguir mis sueños sin temor.

Transformo los desafíos en oportunidades para crecer.

La pasión y la claridad me motivan.

Soy capaz de manifestar mis aspiraciones más altas.

Repite

Reclamo mi poder y moldeo mi realidad con intención.

Avanzo en la vida con un propósito claro.

Soy un ejemplo de fuerza e inspiración.

Confío en mi capacidad de superar cualquier obstáculo.

Mi propósito interior me guía hacia el éxito.

Acepto cada desafío como una oportunidad para brillar más.

Repite

Predico con el ejemplo e inspiro a los demás a través de mis acciones.

Mis elecciones se alinean con mis valores más profundos.

Me comprometo a dejar un impacto positivo en el mundo.

Mis acciones son deliberadas y la integridad y la pasión las motivan.

Me empodero y empodero a los demás a través de mi luz.

Vivo cada día con empoderamiento, claridad
y un propósito inquebrantable.

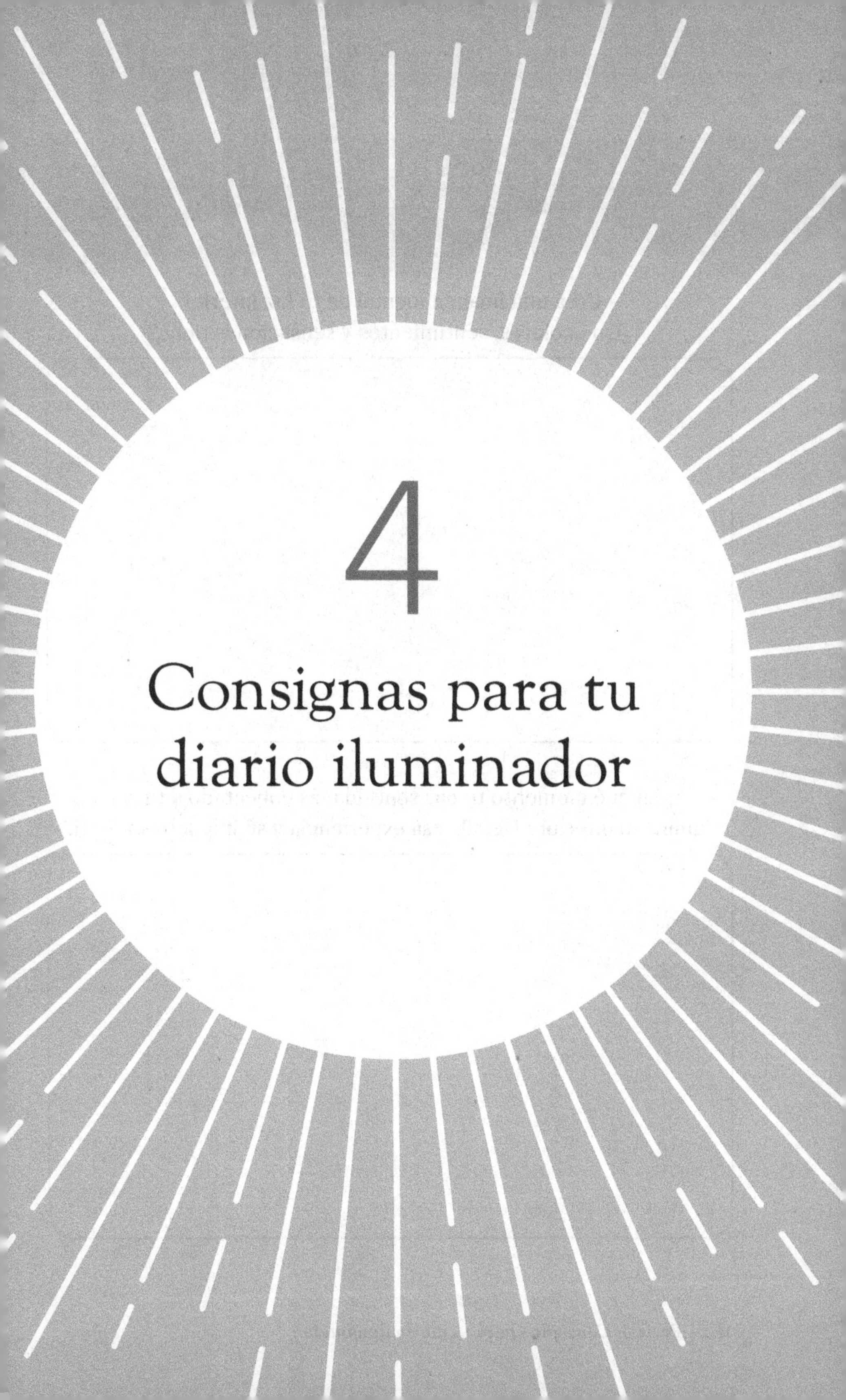

4

Consignas para tu diario iluminador

Explora a tu ser luminoso

Crea una imagen mental de tu luz interior.
¿Qué colores, sentimientos y sensaciones tiene?

¿En qué momento te has sentido más conectado a tu ser luminoso interior? Detalla esa experiencia y su impacto sobre ti.

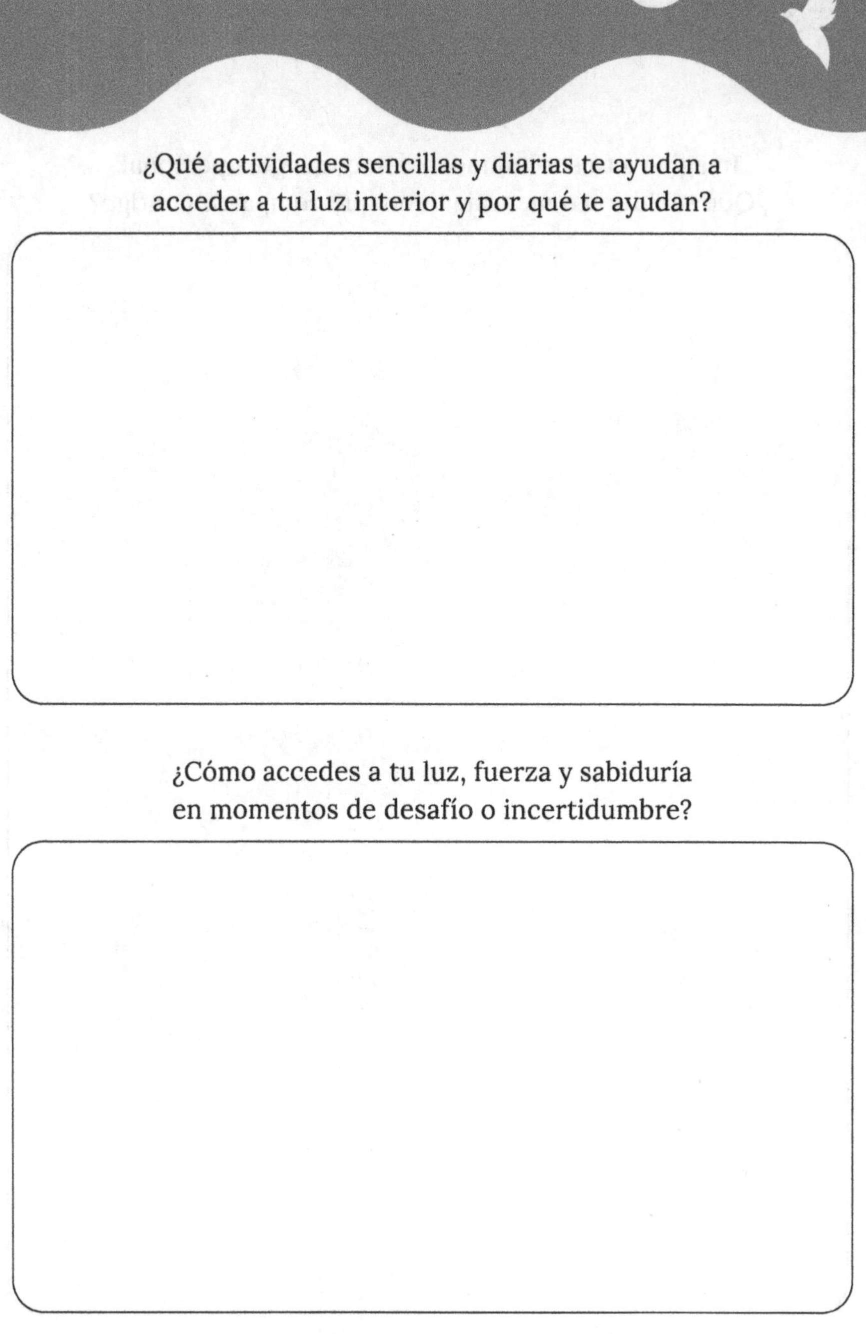

¿Qué actividades sencillas y diarias te ayudan a acceder a tu luz interior y por qué te ayudan?

¿Cómo accedes a tu luz, fuerza y sabiduría en momentos de desafío o incertidumbre?

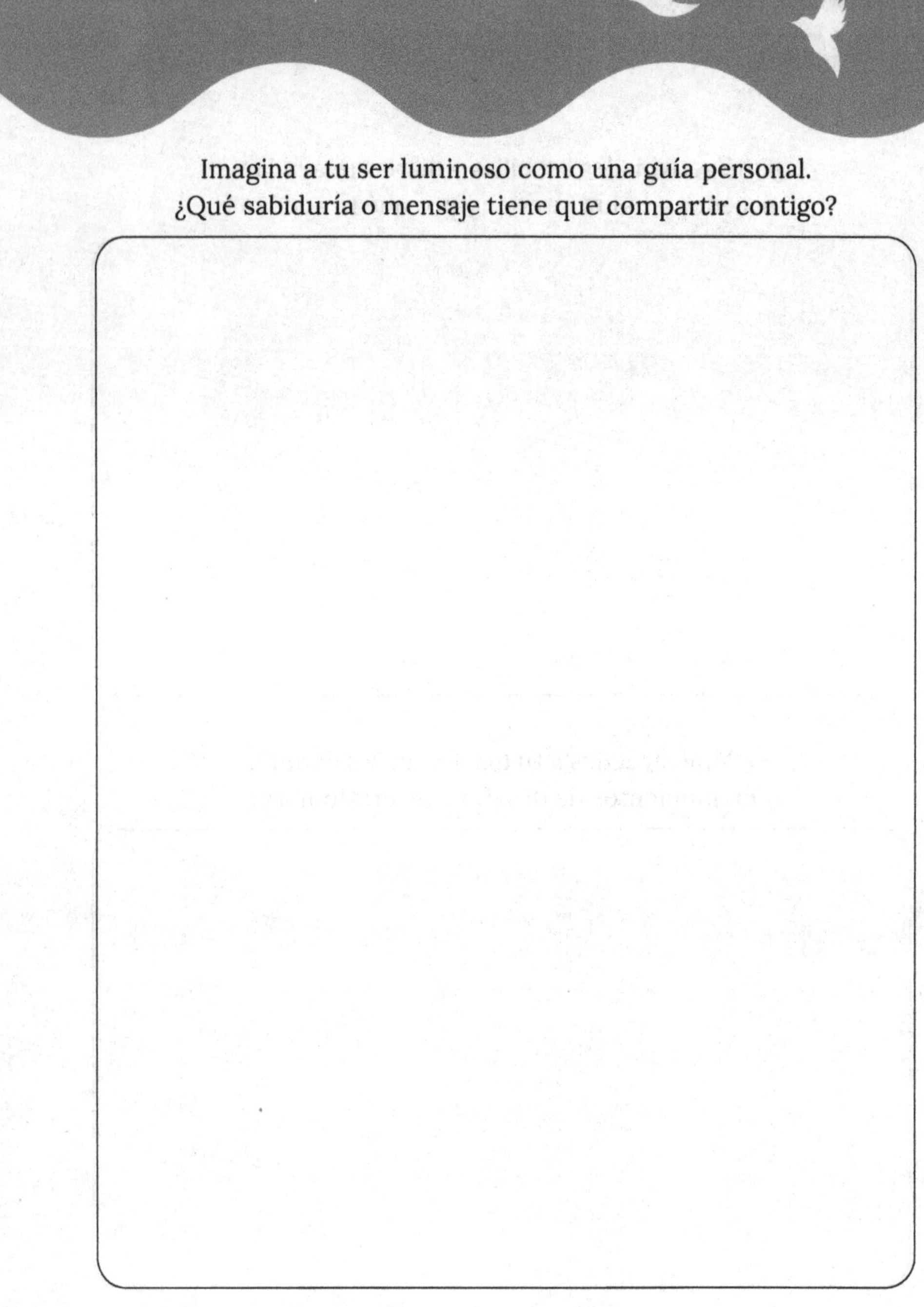

Imagina a tu ser luminoso como una guía personal.
¿Qué sabiduría o mensaje tiene que compartir contigo?

Cultiva la autoconfianza

¿Cómo definirías la autoconfianza con tus propias palabras?

Reflexiona sobre una ocasión en la que te sentiste empoderado. ¿Qué recursos internos o experiencias alimentaron esa confianza?

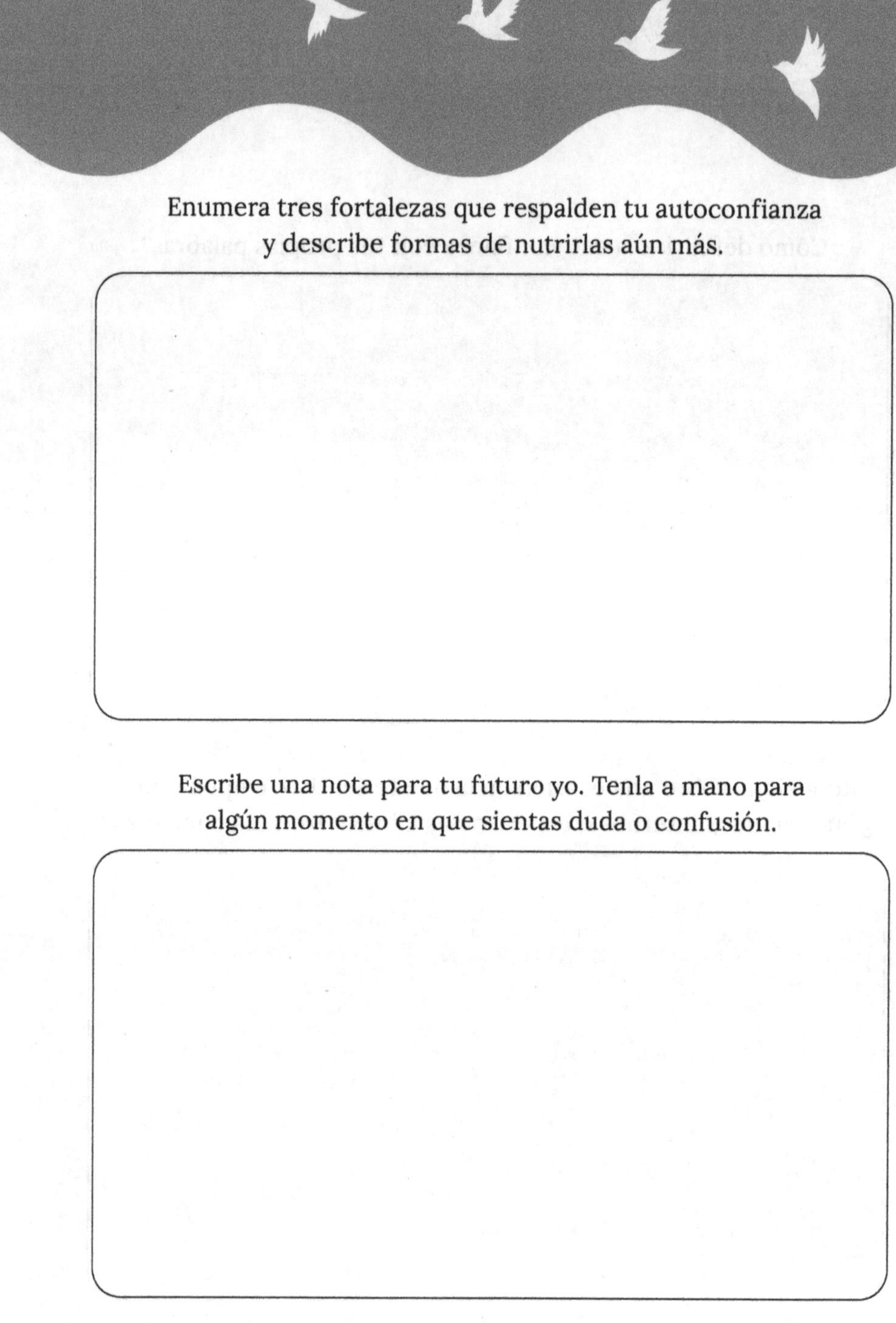

Enumera tres fortalezas que respalden tu autoconfianza y describe formas de nutrirlas aún más.

Escribe una nota para tu futuro yo. Tenla a mano para algún momento en que sientas duda o confusión.

Identifica un desafío reciente que hayas superado y analiza cómo esa experiencia ha contribuido a fortalecer tu autoconfianza.

Supera bloqueos

Identifica una creencia o hábito limitante y recurrente. ¿Qué lo detona y cómo te retiene?

Crea un mantra o una afirmación que regule o equilibre tu creencia limitante con una declaración fortalecedora.

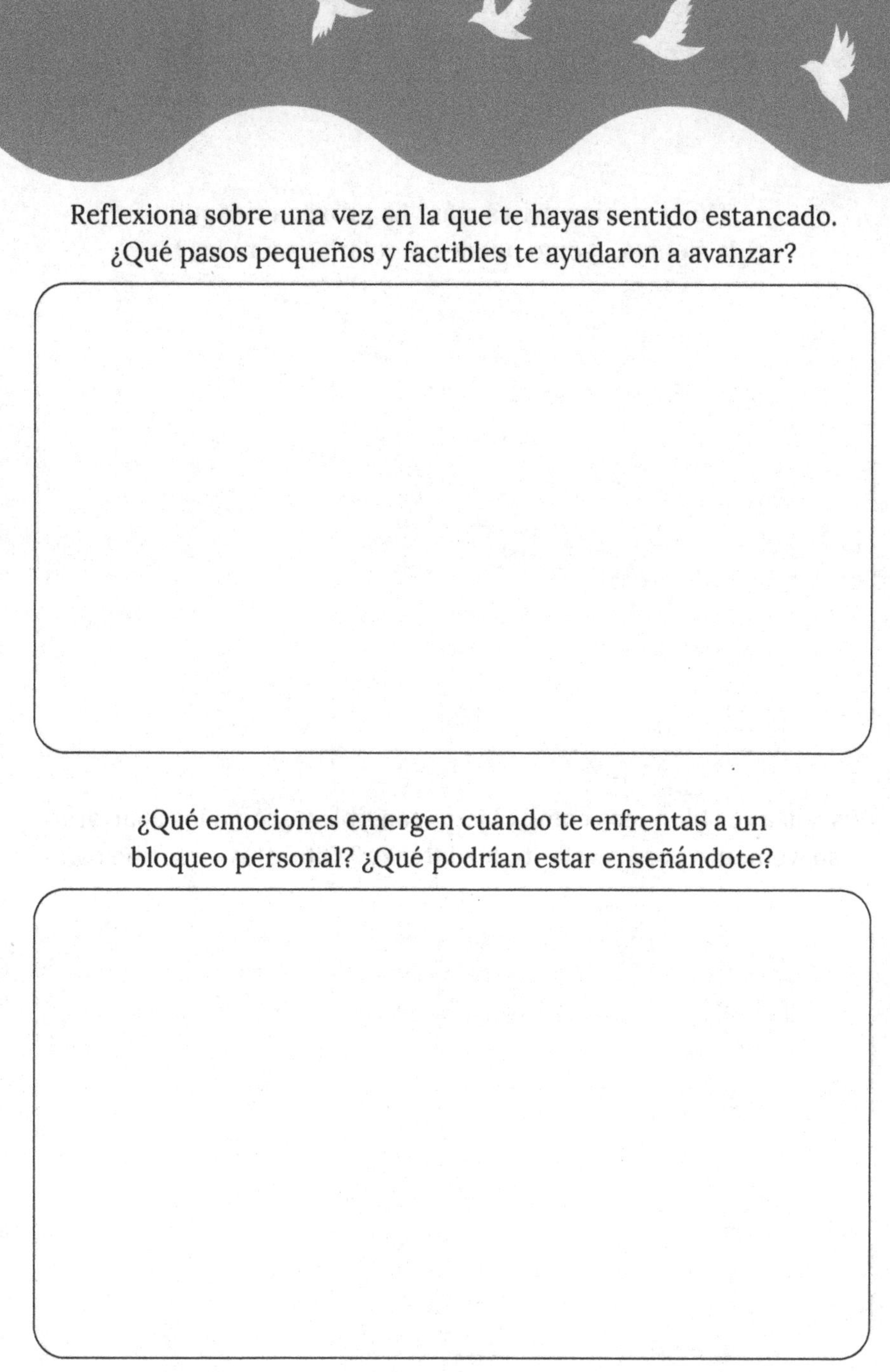

Reflexiona sobre una vez en la que te hayas sentido estancado. ¿Qué pasos pequeños y factibles te ayudaron a avanzar?

¿Qué emociones emergen cuando te enfrentas a un bloqueo personal? ¿Qué podrían estar enseñándote?

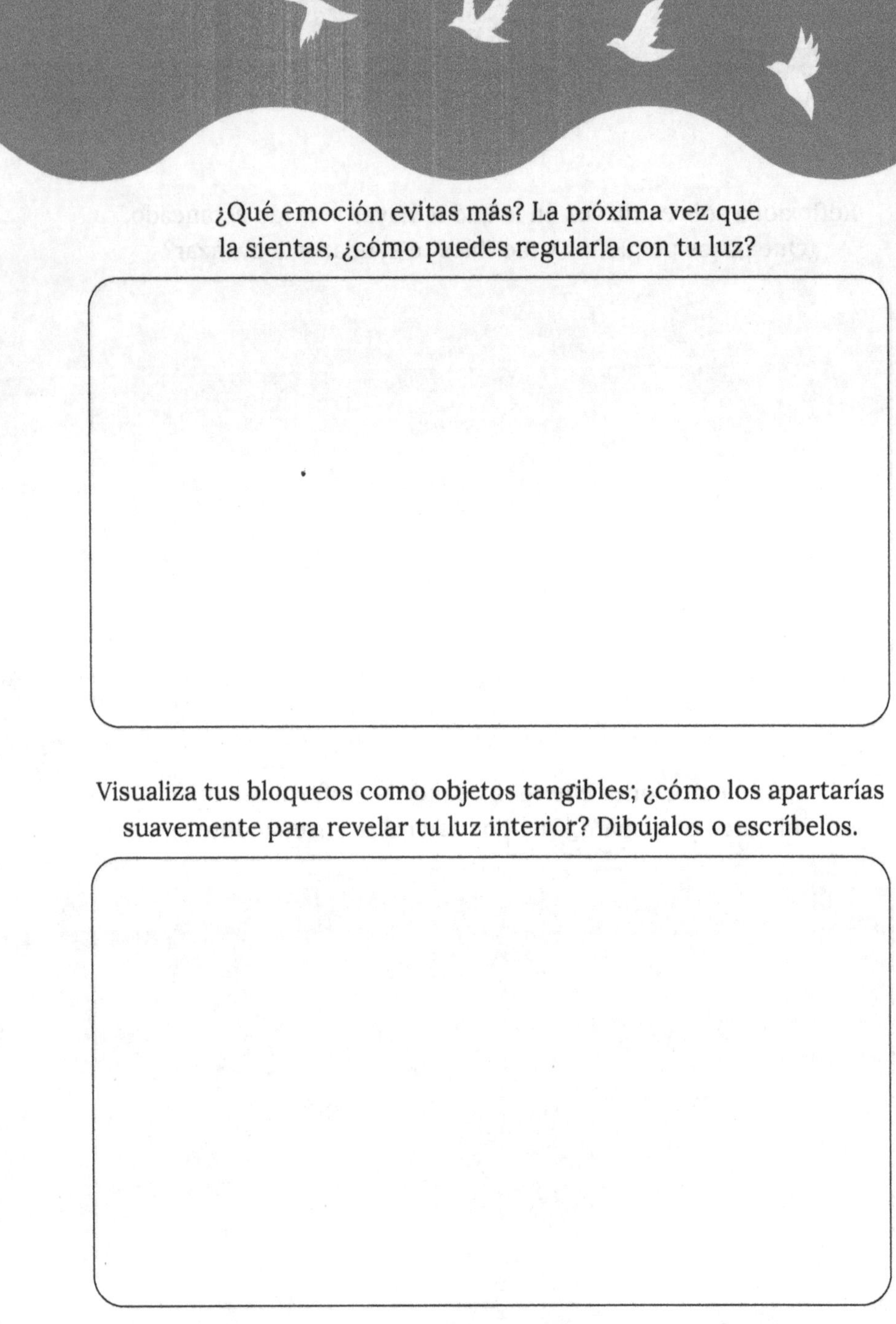

¿Qué emoción evitas más? La próxima vez que la sientas, ¿cómo puedes regularla con tu luz?

Visualiza tus bloqueos como objetos tangibles; ¿cómo los apartarías suavemente para revelar tu luz interior? Dibújalos o escríbelos.

Explora tus dones

¿Qué talentos y cualidades únicas te diferencian de los demás?

Reflexiona sobre comentarios que te hayan hecho tus compañeros. ¿Qué dones han visto en ti que podrías haber pasado por alto?

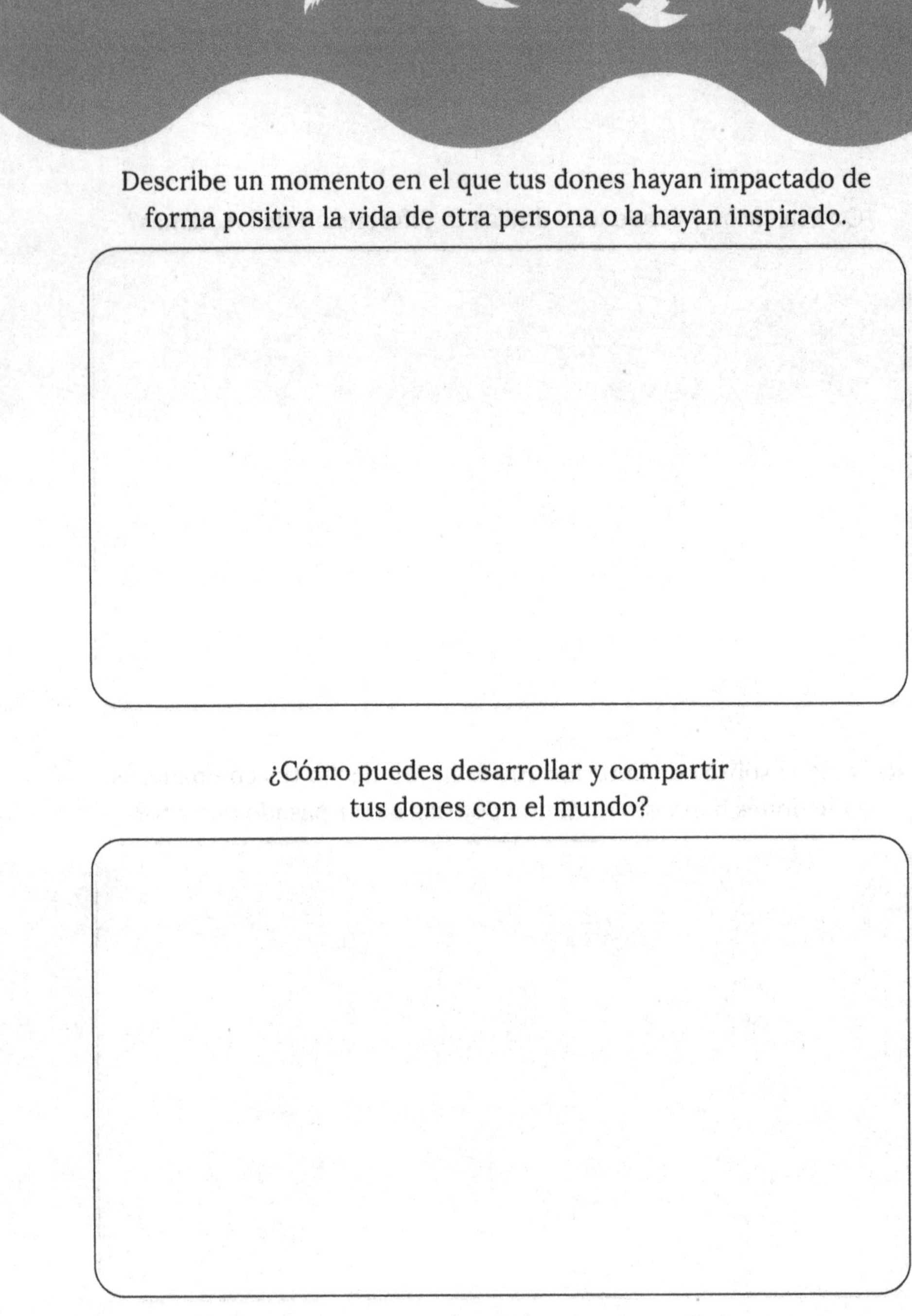

Describe un momento en el que tus dones hayan impactado de forma positiva la vida de otra persona o la hayan inspirado.

¿Cómo puedes desarrollar y compartir tus dones con el mundo?

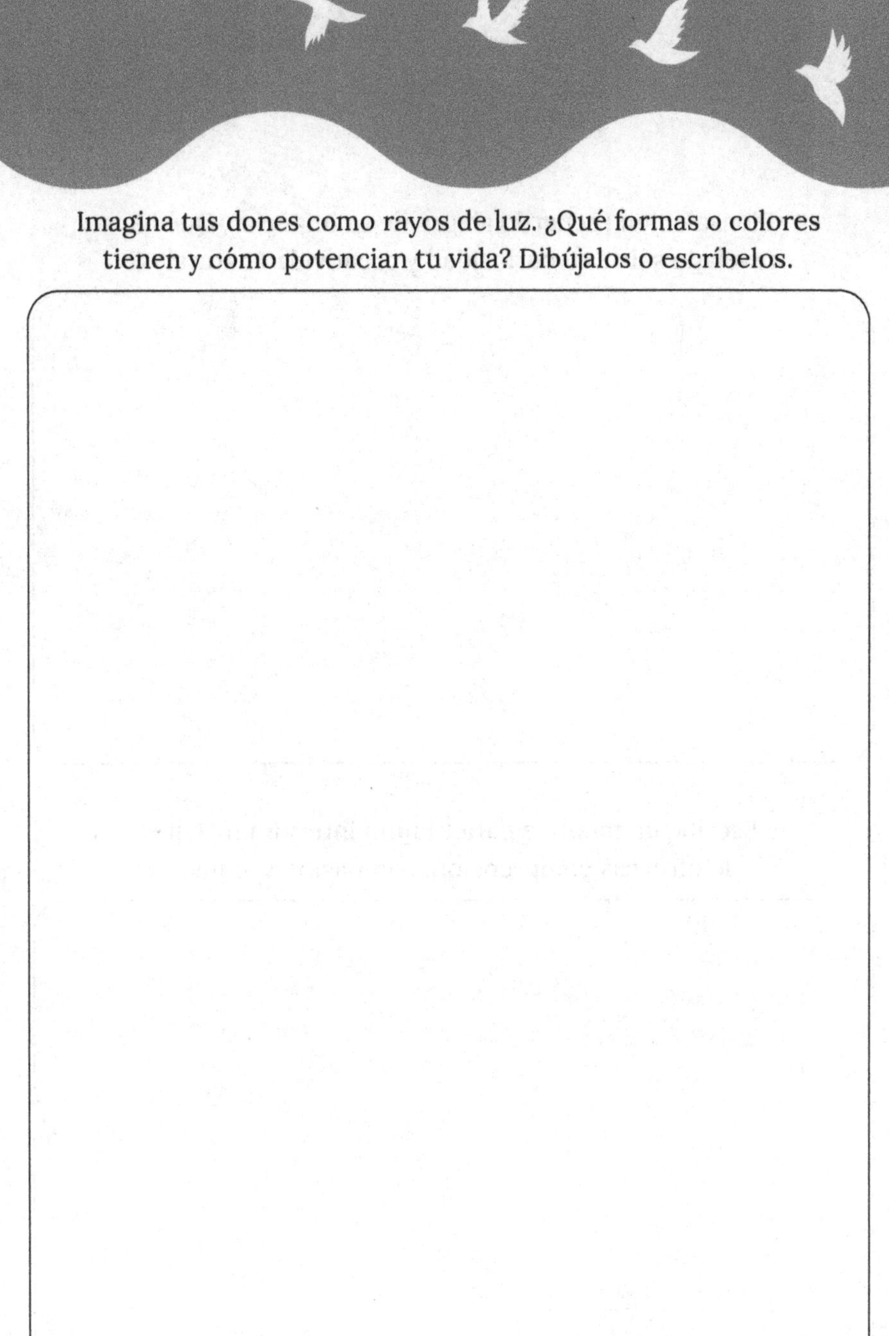

Imagina tus dones como rayos de luz. ¿Qué formas o colores tienen y cómo potencian tu vida? Dibújalos o escríbelos.

Explora tu niño interior

Piensa en un recuerdo alegre de tu infancia. ¿Qué ha revelado sobre tu curiosidad y creatividad naturales?

Escribe un mensaje para tu niño interior en el que le ofrezcas comprensión, compasión y ánimo.

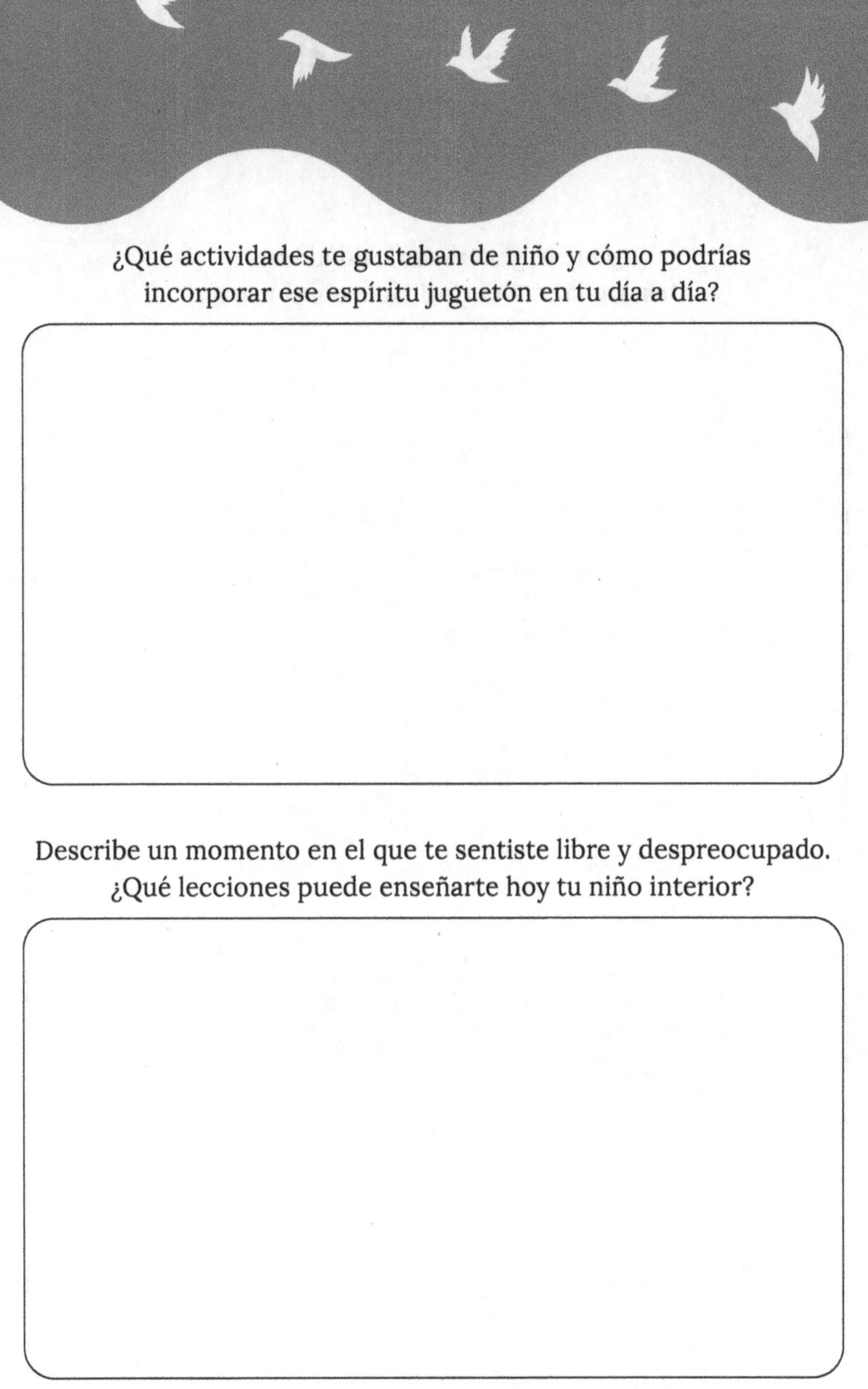

¿Qué actividades te gustaban de niño y cómo podrías incorporar ese espíritu juguetón en tu día a día?

Describe un momento en el que te sentiste libre y despreocupado. ¿Qué lecciones puede enseñarte hoy tu niño interior?

¿Qué te genera curiosidad hoy?
Desarrolla esta curiosidad a continuación.

Encuentra la libertad

¿Cómo es la verdadera libertad, tanto a nivel emocional como espiritual?

Reflexiona sobre una vez en la que hayas experimentado verdadera libertad. ¿Cuáles fueron las condiciones internas y externas que lo permitieron?

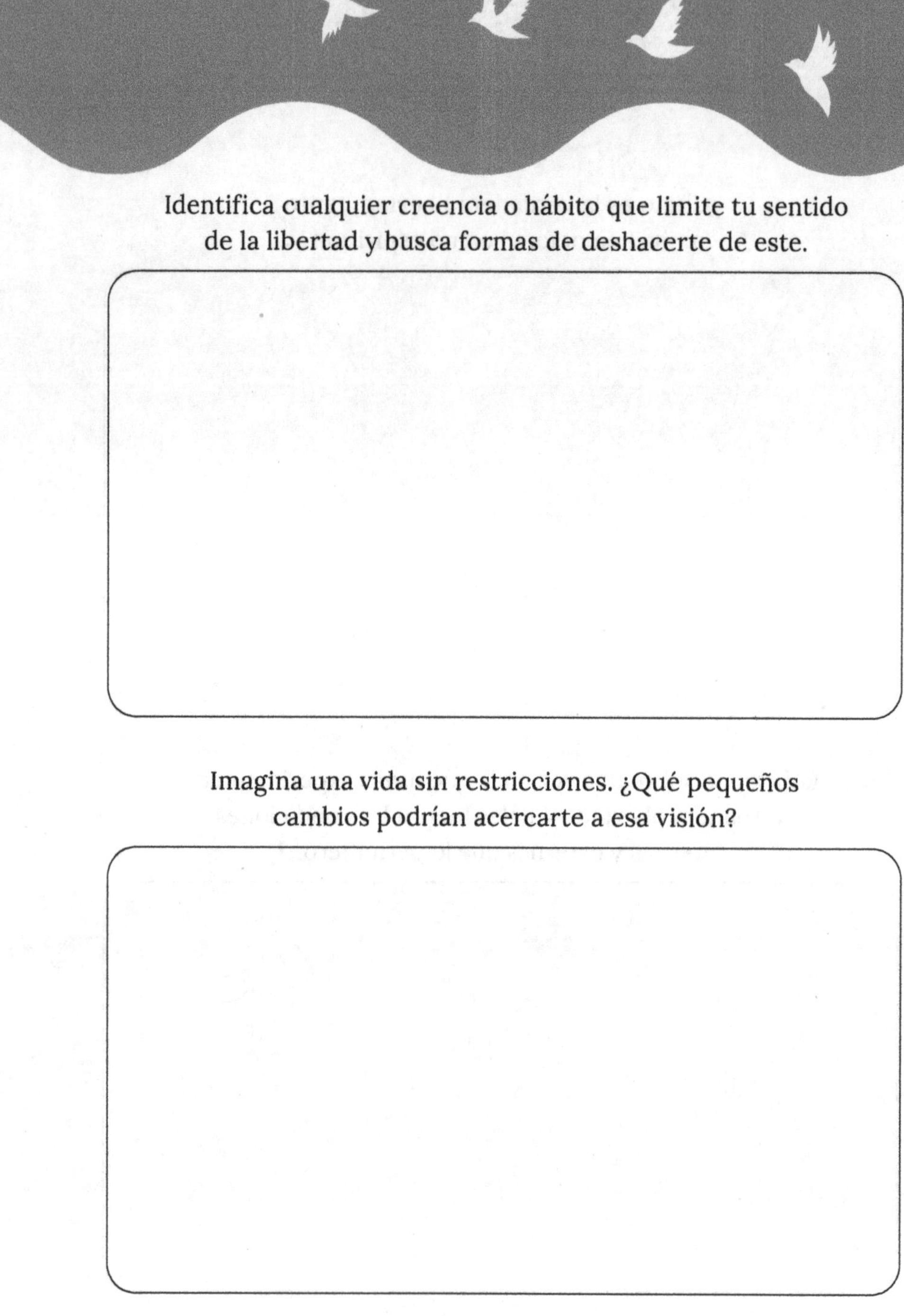

Identifica cualquier creencia o hábito que limite tu sentido de la libertad y busca formas de deshacerte de este.

Imagina una vida sin restricciones. ¿Qué pequeños cambios podrían acercarte a esa visión?

Crea un símbolo de libertad personal y lo que ello representa en tu viaje hacia la liberación. Podría ser una palabra (inventada o existente) o un símbolo que dibujes.

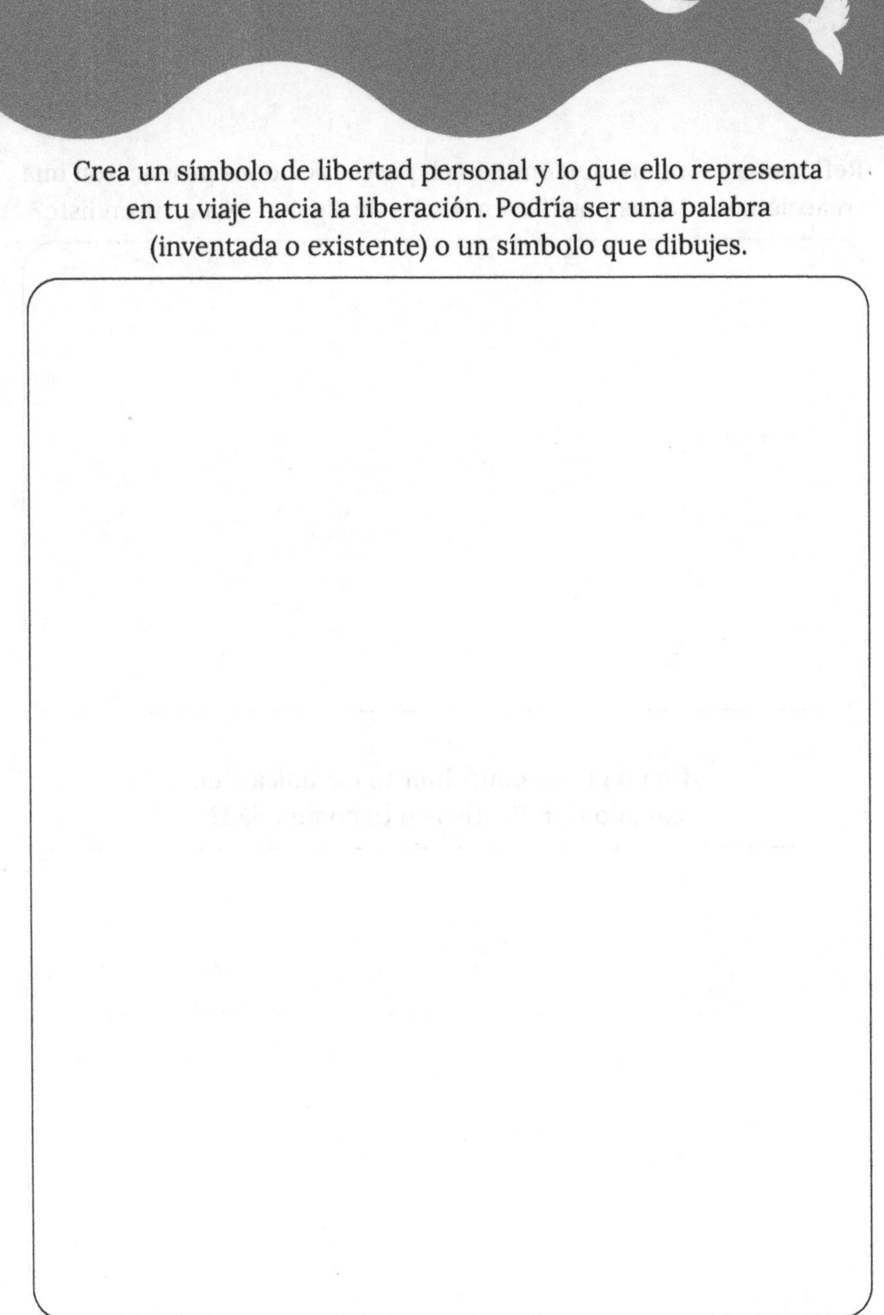

Crea impacto

Reflexiona sobre un momento en el que tus acciones provocaron una reacción en cadena positiva en la vida de alguien. ¿Qué aprendiste?

¿Cómo puede contribuir tu luz única a un cambio significativo en tu comunidad?

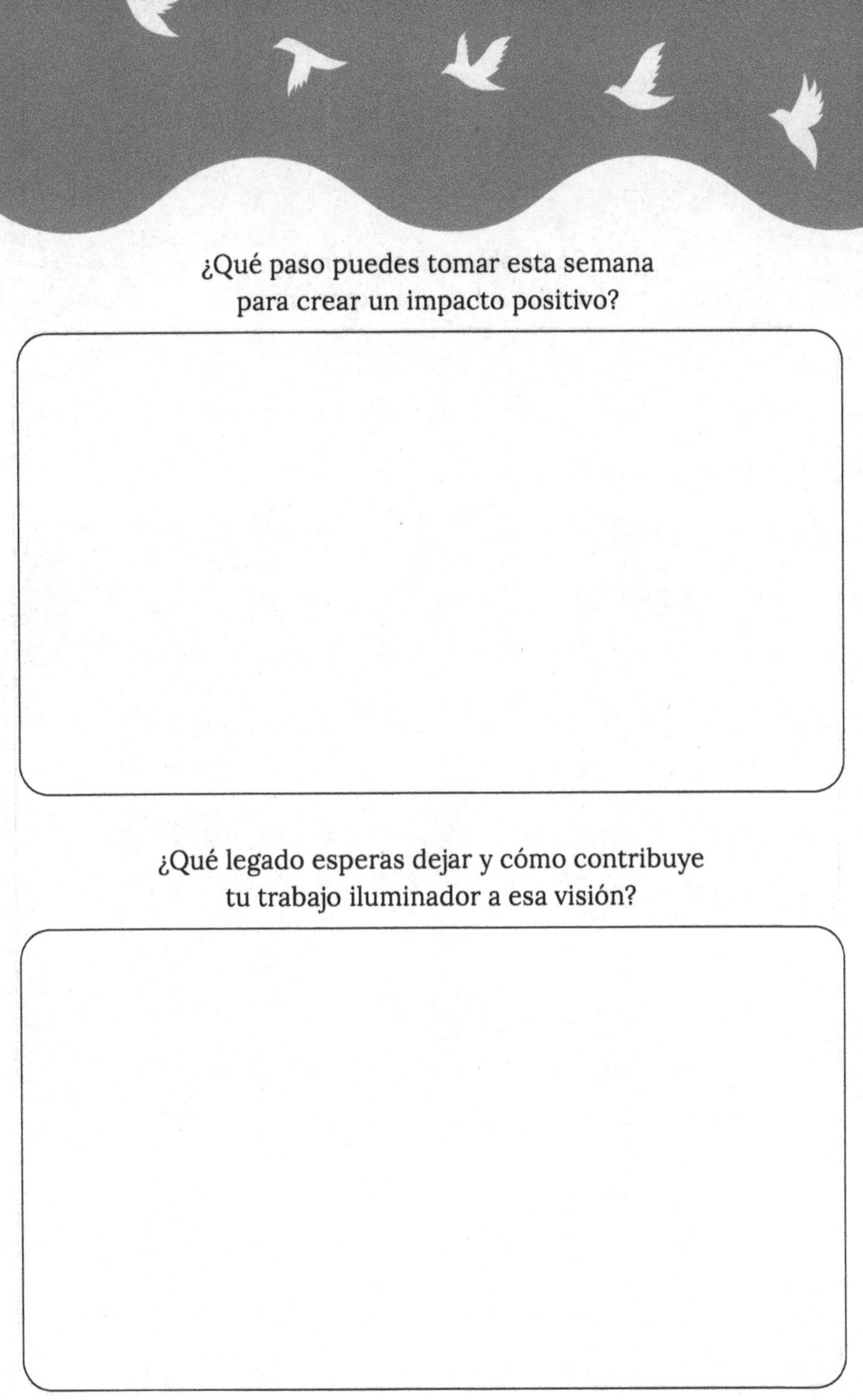

¿Qué paso puedes tomar esta semana
para crear un impacto positivo?

¿Qué legado esperas dejar y cómo contribuye
tu trabajo iluminador a esa visión?

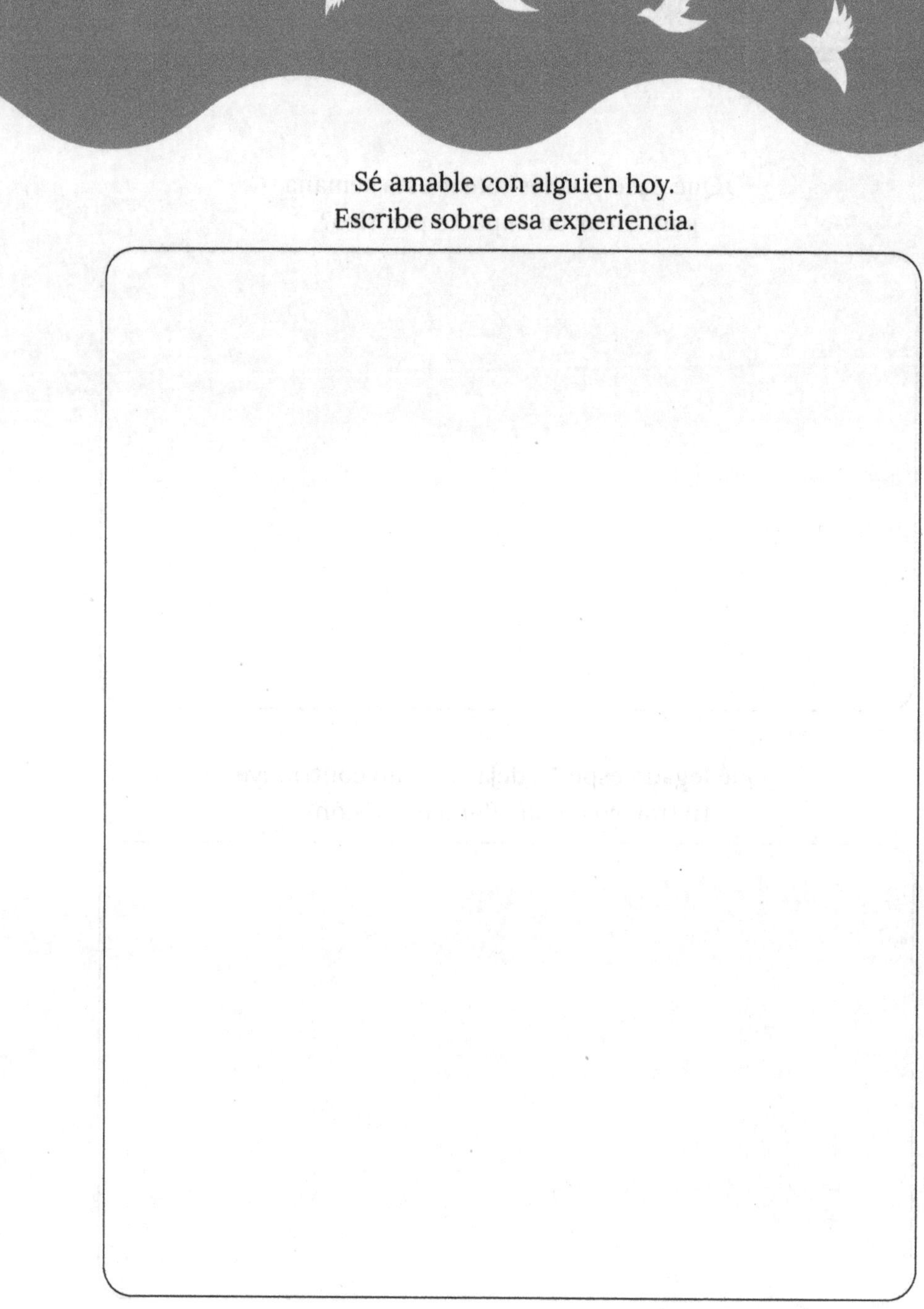

Sé amable con alguien hoy.
Escribe sobre esa experiencia.

Crea tu vida soñada

Describe tu vida soñada con todo detalle. ¿Qué entornos, personas y experiencias te iluminan?

Enumera tres elementos clave de tu estilo de vida ideal.

Reflexiona sobre cualquier obstáculo o duda que te haya privado de conseguir tu vida soñada. ¿Qué puedes hacer para superarlo?

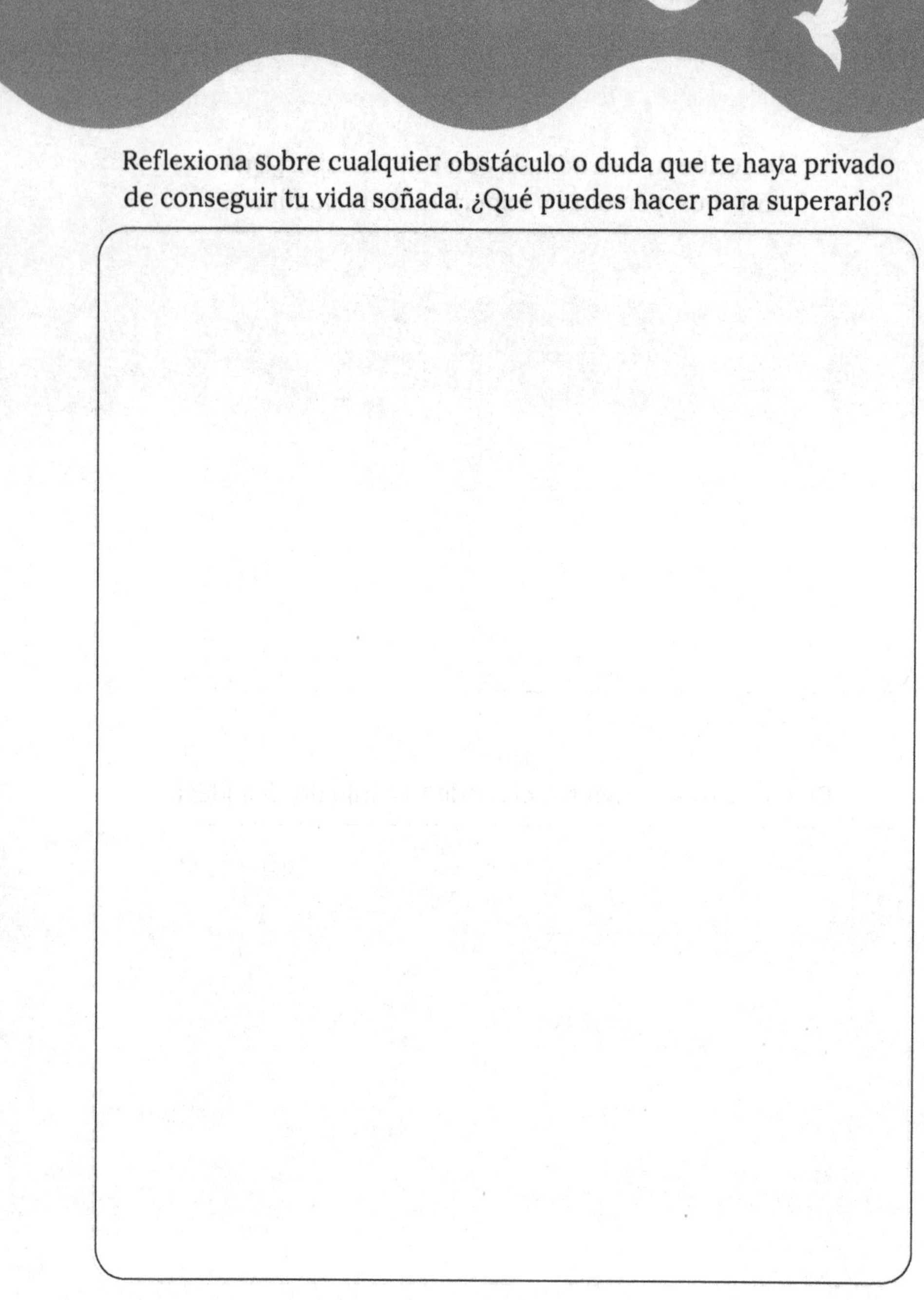

Crea un volcado de palabras y símbolos que capturen la esencia de tu vida soñada.

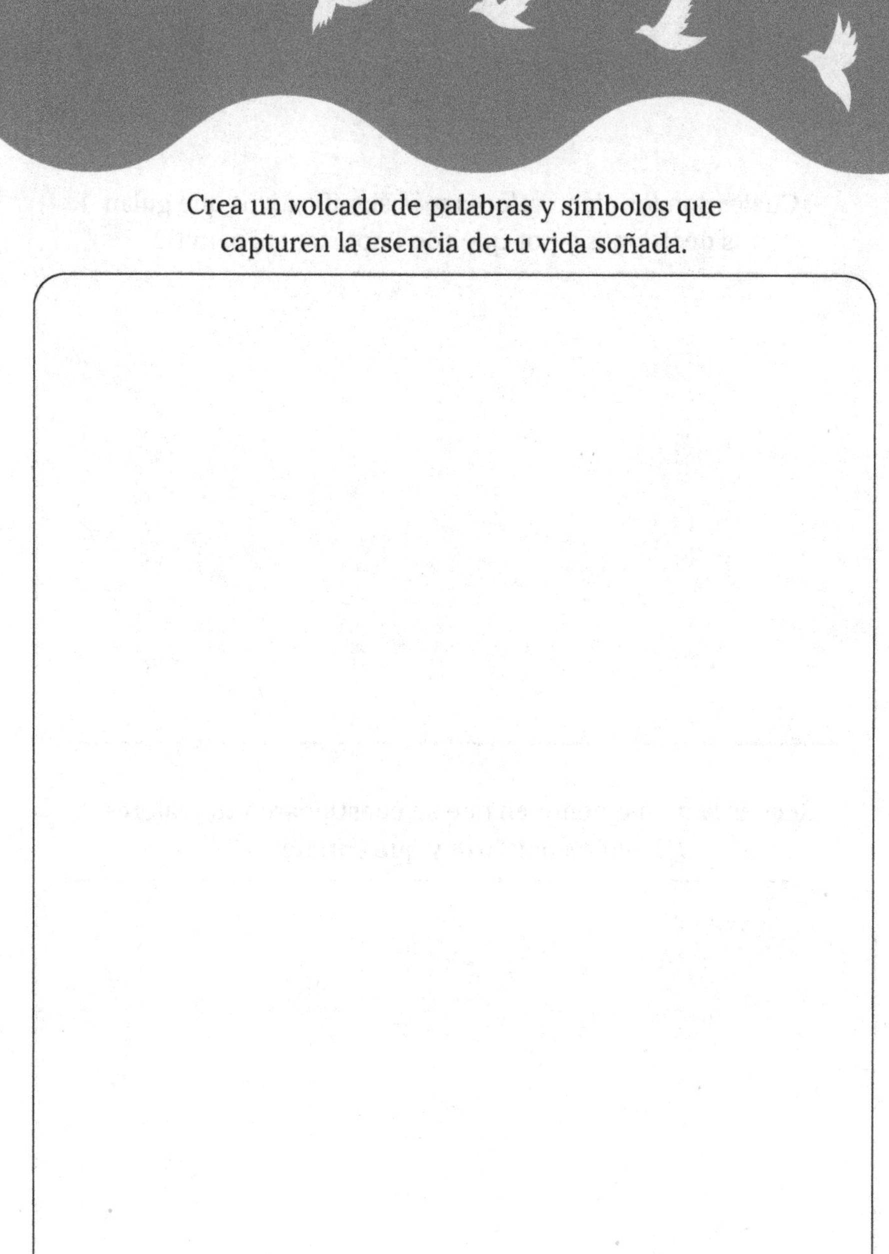

Define tus valores

¿Cuáles son los cinco valores más significativos que guían tus decisiones y por qué son importantes para ti?

Recuerda un momento en que se cuestionaron tus valores. ¿Cómo respondiste y qué aprendiste?

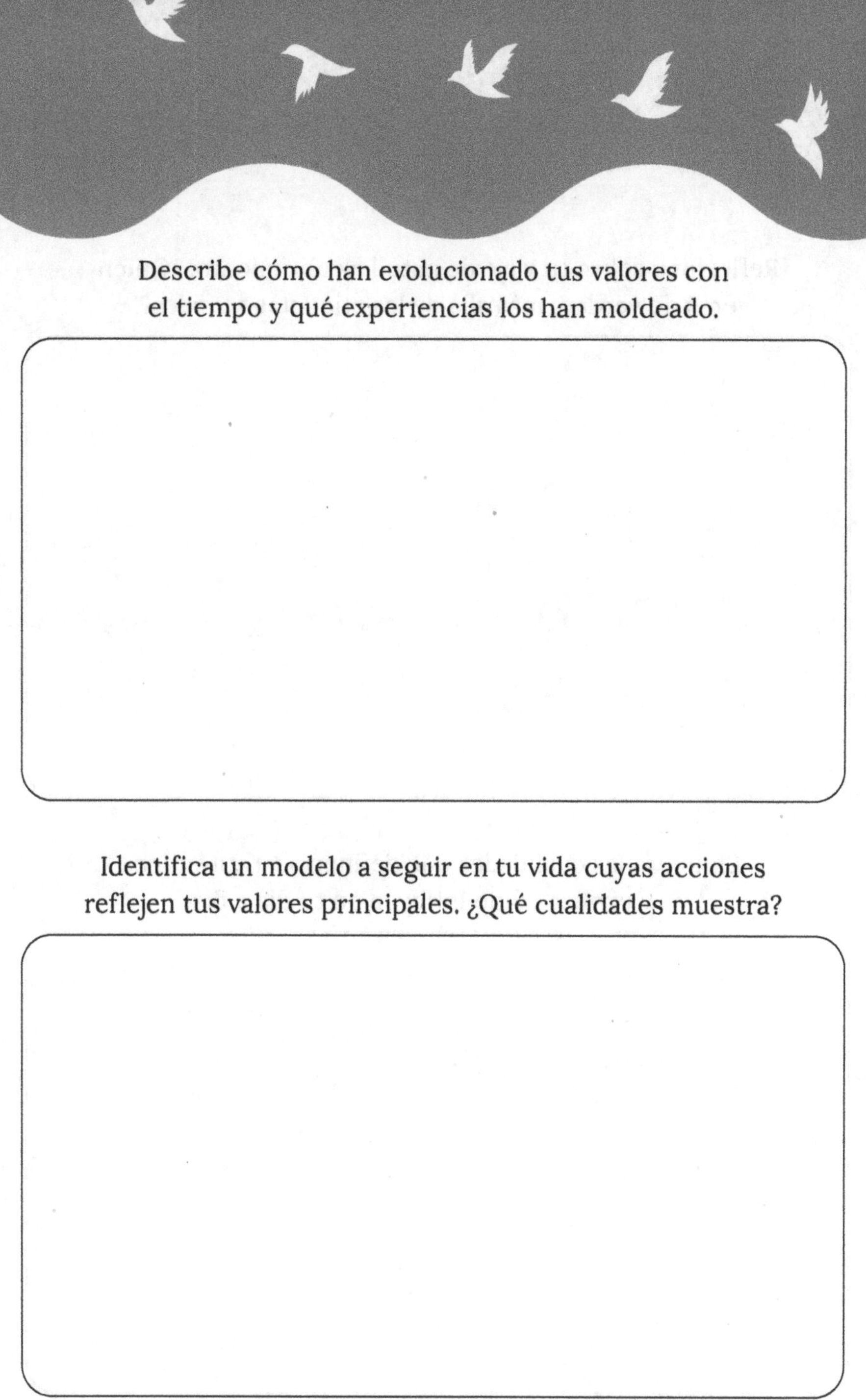

Describe cómo han evolucionado tus valores con el tiempo y qué experiencias los han moldeado.

Identifica un modelo a seguir en tu vida cuyas acciones reflejen tus valores principales. ¿Qué cualidades muestra?

Recuerda quién eres

Reflexiona sobre tu viaje de autodescubrimiento. ¿Quién eres de verdad, más allá de las etiquetas sociales?

Enumera las cualidades que definen a tu auténtico yo y explica cómo influyen en tu día a día.

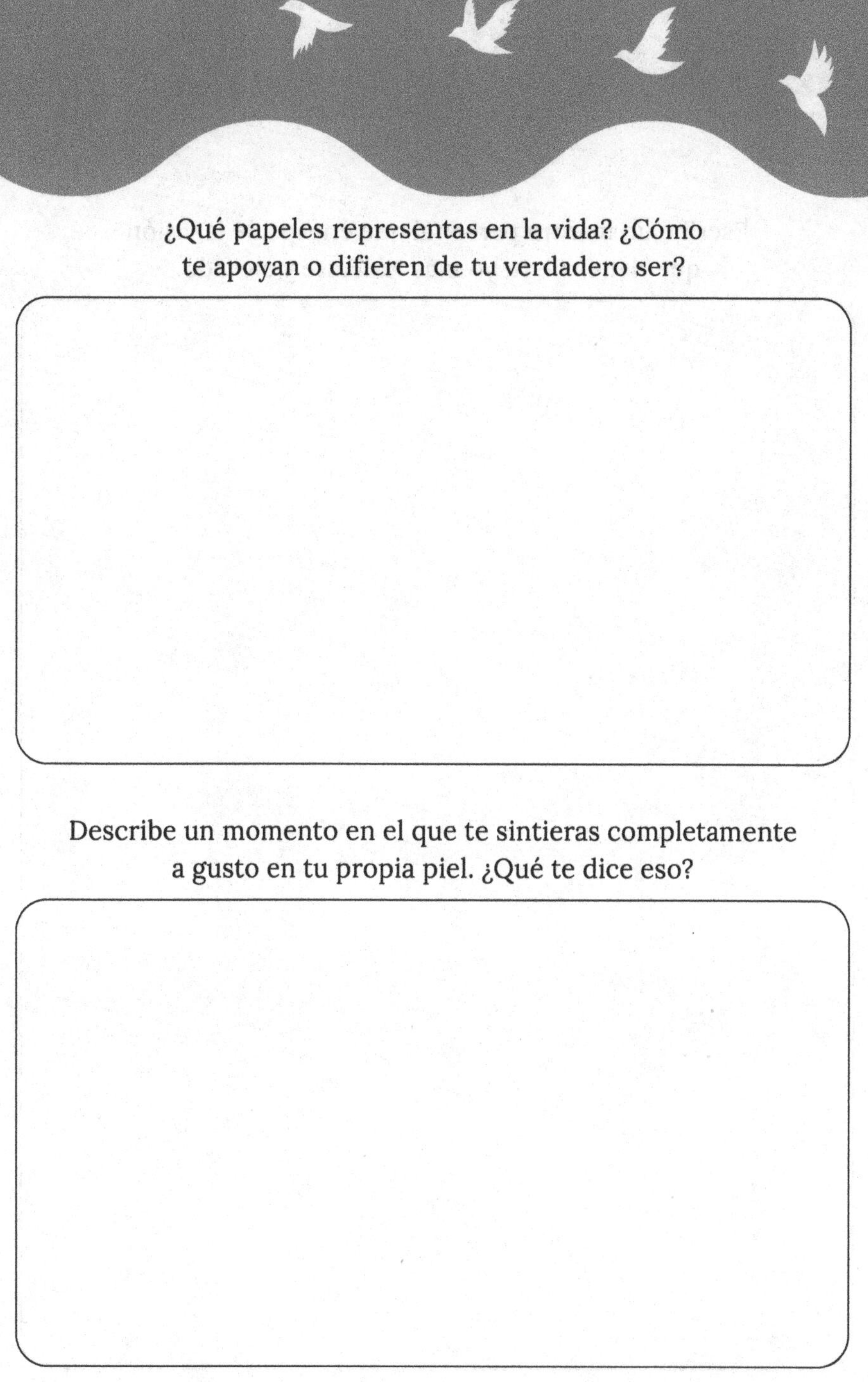

¿Qué papeles representas en la vida? ¿Cómo te apoyan o difieren de tu verdadero ser?

Describe un momento en el que te sintieras completamente a gusto en tu propia piel. ¿Qué te dice eso?

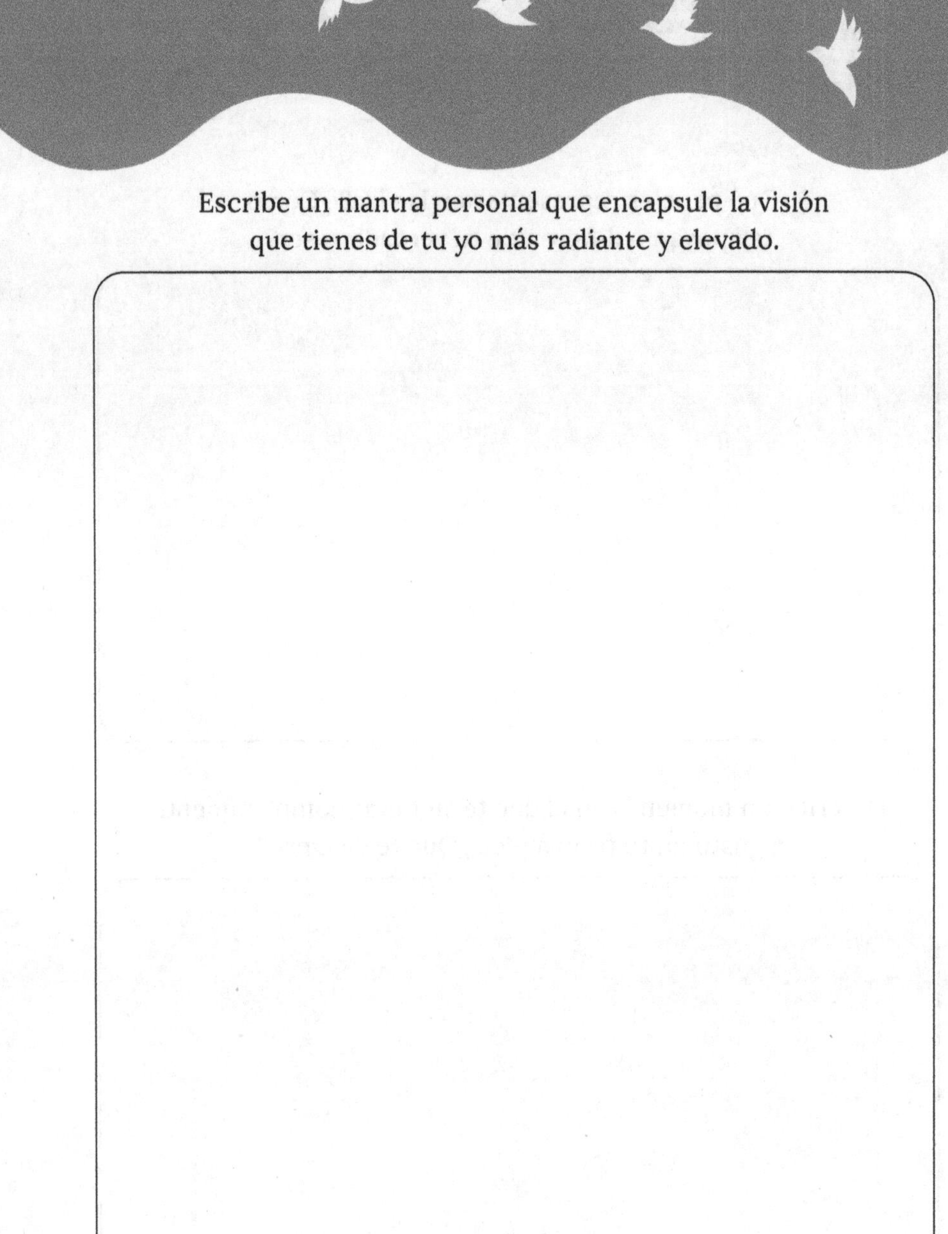

Escribe un mantra personal que encapsule la visión que tienes de tu yo más radiante y elevado.

5

Encuentra tu luz

LLEGA A TU CENTRO DE LUZ

Regresa a esta sección siempre que te sientas desequilibrado o desconectado de tu luz interior. Cuando te alejas de tu centro, tal vez notes inquietud, agobio o una sensación de vacío que nubla tu visión interna.

Algunos síntomas de que tal vez necesites volver a centrarte son:

- *Sentirte emocionalmente disperso o agotado sin una causa clara.*
- *Depender excesivamente de la validación externa en vez de confiar en tu orientación interior.*
- *Experimentar autocrítica o una indecisión que reprime tu chispa creativa.*
- *Sentir falta de alegría, gratitud o inspiración en tu día a día.*
- *Sentirte aislado o a la deriva, como si hubieses perdido el contacto con tu propósito real.*

Usa esta sección para centrarte, recalibrar tu energía y reconectar con el núcleo radiante de tu ser. Aquí podrás avivar tu luz interior, restaurar la armonía y aceptar a tu yo auténtico y centrado.

EJEMPLO

Llega a tu centro de luz

Busca un espacio tranquilo y cómodo. Cierra los ojos y respira hondo tres veces. Permítete conectar con tu luz interior: tu fuerza, paz y centro de energía.

- **¿Qué estoy pensando ahora mismo?**
  Fíjate en los pensamientos que tienes con la intención de ser testigo de ellos, no de identificarte con ellos.

  No estoy donde quiero, pero no pasa nada. Tengo esperanza.

  Soy capaz, soy resiliente y estoy creciendo.

- **¿Cómo puedo recargar mi luz interior?**
  Reflexiona durante tres minutos sobre qué puedes hacer para despertar una sensación de paz, pasión o fuerza en tu interior.

  Me noto con energía cuando me concentro en la suave brisa matutina. Estoy alegre cuando me siento aquí y pienso en hasta dónde he llegado. La gratitud incondicional es lo que alimenta mi luz hoy.

- **¿En qué puedo centrar mi atención para animarme hoy?**
  Dedica tres minutos a pensar en una creencia reestructurada, una idea positiva o una afirmación optimista. Ponlo en práctica durante todo el día.

  Siento calor, gratitud y una gran sensación de alegría a pesar de mi entorno.

- **Escucha a tu ser luminoso.**
  Pregúntate con los ojos cerrados: «¿Qué tres palabras capturan mejor mi luz interior hoy?». Escribe esas palabras, porque contienen un significado profundo. Recuérdalas y llévalas contigo durante todo el día.

  Alegría. Resiliencia. Claridad.

- **Explora las imágenes.**
  ¿Qué recuerdos o imágenes te vienen a la mente cuando piensas en esas palabras? Permite que estas reflexiones te conecten con tu luminosidad interior.

  Recuerdo mis vacaciones en España en 2019. Vi un atardecer precioso en la playa durante una época confusa de mi vida. Ese atardecer me recordó que buscara la paz y que encontrase claridad en el presente.

- **Establece tu intención.**
  Reafirma tu compromiso para alimentar y celebrar tu luz interior. Prométete que honrarás e irradiarás tu verdadera energía.

- **Libérate.**
  Libera cualquier distracción o negatividad residual y acepta por completo el ser radiante que eres.

Llega a tu centro de luz

Busca un espacio tranquilo y cómodo. Cierra los ojos y respira hondo tres veces. Permítete conectar con tu luz interior: tu fuerza, paz y centro de energía.

- **¿Qué estoy pensando ahora mismo?**
  Fíjate en los pensamientos que tienes con la intención de ser testigo de ellos, no de identificarte con ellos.

  ____

  ____

- **¿Cómo puedo recargar mi luz interior?**
  Reflexiona durante tres minutos sobre qué puedes hacer para despertar una sensación de paz, pasión o fuerza en tu interior.

  ____

  ____

  ____

  ____

- **¿En qué puedo centrar mi atención para animarme hoy?**
  Dedica tres minutos a pensar en una creencia reestructurada, una idea positiva o una afirmación optimista. Ponlo en práctica durante todo el día.

  ____

  ____

- **Escucha a tu ser luminoso.**
  Pregúntate con los ojos cerrados: «¿Qué tres palabras capturan mejor mi luz interior hoy?». Escribe esas palabras, porque contienen un significado profundo. Recuérdalas y llévalas contigo durante todo el día.

  ____

- **Explora las imágenes.**
  ¿Qué recuerdos o imágenes te vienen a la mente cuando piensas en esas palabras? Permite que estas reflexiones te conecten con tu luminosidad interior.

  ____

  ____

  ____

  ____

- **Establece tu intención.**
  Reafirma tu compromiso para alimentar y celebrar tu luz interior. Prométete que honrarás e irradiarás tu verdadera energía.

- **Libérate.**
  Libera cualquier distracción o negatividad residual y acepta por completo el ser radiante que eres.

Llega a tu centro de luz

Busca un espacio tranquilo y cómodo. Cierra los ojos y respira hondo tres veces. Permítete conectar con tu luz interior: tu fuerza, paz y centro de energía.

- **¿Qué estoy pensando ahora mismo?**
  Fíjate en los pensamientos que tienes con la intención de ser testigo de ellos, no de identificarte con ellos.

  ____

  ____

- **¿Cómo puedo recargar mi luz interior?**
  Reflexiona durante tres minutos sobre qué puedes hacer para despertar una sensación de paz, pasión o fuerza en tu interior.

  ____

  ____

  ____

  ____

- **¿En qué puedo centrar mi atención para animarme hoy?**
  Dedica tres minutos a pensar en una creencia reestructurada, una idea positiva o una afirmación optimista. Ponlo en práctica durante todo el día.

  ____

  ____

- **Escucha a tu ser luminoso.**
  Pregúntate con los ojos cerrados: «¿Qué tres palabras capturan mejor mi luz interior hoy?». Escribe esas palabras, porque contienen un significado profundo. Recuérdalas y llévalas contigo durante todo el día.

  ___

- **Explora las imágenes.**
  ¿Qué recuerdos o imágenes te vienen a la mente cuando piensas en esas palabras? Permite que estas reflexiones te conecten con tu luminosidad interior.

  ___

  ___

  ___

  ___

- **Establece tu intención.**
  Reafirma tu compromiso para alimentar y celebrar tu luz interior. Prométete que honrarás e irradiarás tu verdadera energía.

- **Libérate.**
  Libera cualquier distracción o negatividad residual y acepta por completo el ser radiante que eres.

Llega a tu centro de luz

Busca un espacio tranquilo y cómodo. Cierra los ojos y respira hondo tres veces. Permítete conectar con tu luz interior: tu fuerza, paz y centro de energía.

- **¿Qué estoy pensando ahora mismo?**
  Fíjate en los pensamientos que tienes con la intención de ser testigo de ellos, no de identificarte con ellos.

  ____

  ____

- **¿Cómo puedo recargar mi luz interior?**
  Reflexiona durante tres minutos sobre qué puedes hacer para despertar una sensación de paz, pasión o fuerza en tu interior.

  ____

  ____

  ____

  ____

- **¿En qué puedo centrar mi atención para animarme hoy?**
  Dedica tres minutos a pensar en una creencia reestructurada, una idea positiva o una afirmación optimista. Ponlo en práctica durante todo el día.

  ____

  ____

- **Escucha a tu ser luminoso.**
  Pregúntate con los ojos cerrados: «¿Qué tres palabras capturan mejor mi luz interior hoy?». Escribe esas palabras, porque contienen un significado profundo. Recuérdalas y llévalas contigo durante todo el día.

  ____

- **Explora las imágenes.**
  ¿Qué recuerdos o imágenes te vienen a la mente cuando piensas en esas palabras? Permite que estas reflexiones te conecten con tu luminosidad interior.

  ____

  ____

  ____

  ____

- **Establece tu intención.**
  Reafirma tu compromiso para alimentar y celebrar tu luz interior. Prométete que honrarás e irradiarás tu verdadera energía.

- **Libérate.**
  Libera cualquier distracción o negatividad residual y acepta por completo el ser radiante que eres.

Llega a tu centro de luz

Busca un espacio tranquilo y cómodo. Cierra los ojos y respira hondo tres veces. Permítete conectar con tu luz interior: tu fuerza, paz y centro de energía.

- **¿Qué estoy pensando ahora mismo?**
  Fíjate en los pensamientos que tienes con la intención de ser testigo de ellos, no de identificarte con ellos.

  ____

  ____

- **¿Cómo puedo recargar mi luz interior?**
  Reflexiona durante tres minutos sobre qué puedes hacer para despertar una sensación de paz, pasión o fuerza en tu interior.

  ____

  ____

  ____

  ____

- **¿En qué puedo centrar mi atención para animarme hoy?**
  Dedica tres minutos a pensar en una creencia reestructurada, una idea positiva o una afirmación optimista. Ponlo en práctica durante todo el día.

  ____

  ____

- **Escucha a tu ser luminoso.**
Pregúntate con los ojos cerrados: «¿Qué tres palabras capturan mejor mi luz interior hoy?». Escribe esas palabras, porque contienen un significado profundo. Recuérdalas y llévalas contigo durante todo el día.

____

- **Explora las imágenes.**
¿Qué recuerdos o imágenes te vienen a la mente cuando piensas en esas palabras? Permite que estas reflexiones te conecten con tu luminosidad interior.

____

____

____

____

- **Establece tu intención.**
Reafirma tu compromiso para alimentar y celebrar tu luz interior. Prométete que honrarás e irradiarás tu verdadera energía.

- **Libérate.**
Libera cualquier distracción o negatividad residual y acepta por completo el ser radiante que eres.

Llega a tu centro de luz

Busca un espacio tranquilo y cómodo. Cierra los ojos y respira hondo tres veces. Permítete conectar con tu luz interior: tu fuerza, paz y centro de energía.

- **¿Qué estoy pensando ahora mismo?**
  Fíjate en los pensamientos que tienes con la intención de ser testigo de ellos, no de identificarte con ellos.

  ____

  ____

- **¿Cómo puedo recargar mi luz interior?**
  Reflexiona durante tres minutos sobre qué puedes hacer para despertar una sensación de paz, pasión o fuerza en tu interior.

  ____

  ____

  ____

  ____

- **¿En qué puedo centrar mi atención para animarme hoy?**
  Dedica tres minutos a pensar en una creencia reestructurada, una idea positiva o una afirmación optimista. Ponlo en práctica durante todo el día.

  ____

  ____

- **Escucha a tu ser luminoso.**
  Pregúntate con los ojos cerrados: «¿Qué tres palabras capturan mejor mi luz interior hoy?». Escribe esas palabras, porque contienen un significado profundo. Recuérdalas y llévalas contigo durante todo el día.

  ____

- **Explora las imágenes.**
  ¿Qué recuerdos o imágenes te vienen a la mente cuando piensas en esas palabras? Permite que estas reflexiones te conecten con tu luminosidad interior.

  ____

  ____

  ____

  ____

- **Establece tu intención.**
  Reafirma tu compromiso para alimentar y celebrar tu luz interior. Prométete que honrarás e irradiarás tu verdadera energía.

- **Libérate.**
  Libera cualquier distracción o negatividad residual y acepta por completo el ser radiante que eres.

Llega a tu centro de luz

Busca un espacio tranquilo y cómodo. Cierra los ojos y respira hondo tres veces. Permítete conectar con tu luz interior: tu fuerza, paz y centro de energía.

- **¿Qué estoy pensando ahora mismo?**
  Fíjate en los pensamientos que tienes con la intención de ser testigo de ellos, no de identificarte con ellos.

  ____

  ____

- **¿Cómo puedo recargar mi luz interior?**
  Reflexiona durante tres minutos sobre qué puedes hacer para despertar una sensación de paz, pasión o fuerza en tu interior.

  ____

  ____

  ____

  ____

- **¿En qué puedo centrar mi atención para animarme hoy?**
  Dedica tres minutos a pensar en una creencia reestructurada, una idea positiva o una afirmación optimista. Ponlo en práctica durante todo el día.

  ____

  ____

- **Escucha a tu ser luminoso.**
  Pregúntate con los ojos cerrados: «¿Qué tres palabras capturan mejor mi luz interior hoy?». Escribe esas palabras, porque contienen un significado profundo. Recuérdalas y llévalas contigo durante todo el día.

  ____

- **Explora las imágenes.**
  ¿Qué recuerdos o imágenes te vienen a la mente cuando piensas en esas palabras? Permite que estas reflexiones te conecten con tu luminosidad interior.

  ____

  ____

  ____

  ____

- **Establece tu intención.**
  Reafirma tu compromiso para alimentar y celebrar tu luz interior. Prométete que honrarás e irradiarás tu verdadera energía.

- **Libérate.**
  Libera cualquier distracción o negatividad residual y acepta por completo el ser radiante que eres.

Llega a tu centro de luz

Busca un espacio tranquilo y cómodo. Cierra los ojos y respira hondo tres veces. Permítete conectar con tu luz interior: tu fuerza, paz y centro de energía.

- **¿Qué estoy pensando ahora mismo?**
  Fíjate en los pensamientos que tienes con la intención de ser testigo de ellos, no de identificarte con ellos.

  ____

  ____

- **¿Cómo puedo recargar mi luz interior?**
  Reflexiona durante tres minutos sobre qué puedes hacer para despertar una sensación de paz, pasión o fuerza en tu interior.

  ____

  ____

  ____

  ____

- **¿En qué puedo centrar mi atención para animarme hoy?**
  Dedica tres minutos a pensar en una creencia reestructurada, una idea positiva o una afirmación optimista. Ponlo en práctica durante todo el día.

  ____

  ____

- **Escucha a tu ser luminoso.**
  Pregúntate con los ojos cerrados: «¿Qué tres palabras capturan mejor mi luz interior hoy?». Escribe esas palabras, porque contienen un significado profundo. Recuérdalas y llévalas contigo durante todo el día.

  ___

- **Explora las imágenes.**
  ¿Qué recuerdos o imágenes te vienen a la mente cuando piensas en esas palabras? Permite que estas reflexiones te conecten con tu luminosidad interior.

  ___

  ___

  ___

  ___

- **Establece tu intención.**
  Reafirma tu compromiso para alimentar y celebrar tu luz interior. Prométete que honrarás e irradiarás tu verdadera energía.

- **Libérate.**
  Libera cualquier distracción o negatividad residual y acepta por completo el ser radiante que eres.

Llega a tu centro de luz

Busca un espacio tranquilo y cómodo. Cierra los ojos y respira hondo tres veces. Permítete conectar con tu luz interior: tu fuerza, paz y centro de energía.

- **¿Qué estoy pensando ahora mismo?**
  Fíjate en los pensamientos que tienes con la intención de ser testigo de ellos, no de identificarte con ellos.

  ___

  ___

- **¿Cómo puedo recargar mi luz interior?**
  Reflexiona durante tres minutos sobre qué puedes hacer para despertar una sensación de paz, pasión o fuerza en tu interior.

  ___

  ___

  ___

  ___

- **¿En qué puedo centrar mi atención para animarme hoy?**
  Dedica tres minutos a pensar en una creencia reestructurada, una idea positiva o una afirmación optimista. Ponlo en práctica durante todo el día.

  ___

  ___

- **Escucha a tu ser luminoso.**
  Pregúntate con los ojos cerrados: «¿Qué tres palabras capturan mejor mi luz interior hoy?». Escribe esas palabras, porque contienen un significado profundo. Recuérdalas y llévalas contigo durante todo el día.

  ____

- **Explora las imágenes.**
  ¿Qué recuerdos o imágenes te vienen a la mente cuando piensas en esas palabras? Permite que estas reflexiones te conecten con tu luminosidad interior.

  ____

  ____

  ____

  ____

- **Establece tu intención.**
  Reafirma tu compromiso para alimentar y celebrar tu luz interior. Prométete que honrarás e irradiarás tu verdadera energía.

- **Libérate.**
  Libera cualquier distracción o negatividad residual y acepta por completo el ser radiante que eres.

Llega a tu centro de luz

Busca un espacio tranquilo y cómodo. Cierra los ojos y respira hondo tres veces. Permítete conectar con tu luz interior: tu fuerza, paz y centro de energía.

- **¿Qué estoy pensando ahora mismo?**
  Fíjate en los pensamientos que tienes con la intención de ser testigo de ellos, no de identificarte con ellos.

  ____

  ____

- **¿Cómo puedo recargar mi luz interior?**
  Reflexiona durante tres minutos sobre qué puedes hacer para despertar una sensación de paz, pasión o fuerza en tu interior.

  ____

  ____

  ____

  ____

- **¿En qué puedo centrar mi atención para animarme hoy?**
  Dedica tres minutos a pensar en una creencia reestructurada, una idea positiva o una afirmación optimista. Ponlo en práctica durante todo el día.

  ____

  ____

- **Escucha a tu ser luminoso.**
  Pregúntate con los ojos cerrados: «¿Qué tres palabras capturan mejor mi luz interior hoy?». Escribe esas palabras, porque contienen un significado profundo. Recuérdalas y llévalas contigo durante todo el día.

  ____

- **Explora las imágenes.**
  ¿Qué recuerdos o imágenes te vienen a la mente cuando piensas en esas palabras? Permite que estas reflexiones te conecten con tu luminosidad interior.

  ____

  ____

  ____

  ____

- **Establece tu intención.**
  Reafirma tu compromiso para alimentar y celebrar tu luz interior. Prométete que honrarás e irradiarás tu verdadera energía.

- **Libérate.**
  Libera cualquier distracción o negatividad residual y acepta por completo el ser radiante que eres.

Llega a tu centro de luz

Busca un espacio tranquilo y cómodo. Cierra los ojos y respira hondo tres veces. Permítete conectar con tu luz interior: tu fuerza, paz y centro de energía.

- **¿Qué estoy pensando ahora mismo?**
  Fíjate en los pensamientos que tienes con la intención de ser testigo de ellos, no de identificarte con ellos.

  ____

  ____

- **¿Cómo puedo recargar mi luz interior?**
  Reflexiona durante tres minutos sobre qué puedes hacer para despertar una sensación de paz, pasión o fuerza en tu interior.

  ____

  ____

  ____

  ____

- **¿En qué puedo centrar mi atención para animarme hoy?**
  Dedica tres minutos a pensar en una creencia reestructurada, una idea positiva o una afirmación optimista. Ponlo en práctica durante todo el día.

  ____

  ____

- **Escucha a tu ser luminoso.**
Pregúntate con los ojos cerrados: «¿Qué tres palabras capturan mejor mi luz interior hoy?». Escribe esas palabras, porque contienen un significado profundo. Recuérdalas y llévalas contigo durante todo el día.

____

- **Explora las imágenes.**
¿Qué recuerdos o imágenes te vienen a la mente cuando piensas en esas palabras? Permite que estas reflexiones te conecten con tu luminosidad interior.

____

____

____

____

- **Establece tu intención.**
Reafirma tu compromiso para alimentar y celebrar tu luz interior. Prométete que honrarás e irradiarás tu verdadera energía.

- **Libérate.**
Libera cualquier distracción o negatividad residual y acepta por completo el ser radiante que eres.

Llega a tu centro de luz

Busca un espacio tranquilo y cómodo. Cierra los ojos y respira hondo tres veces. Permítete conectar con tu luz interior: tu fuerza, paz y centro de energía.

- **¿Qué estoy pensando ahora mismo?**
  Fíjate en los pensamientos que tienes con la intención de ser testigo de ellos, no de identificarte con ellos.

  ____

  ____

- **¿Cómo puedo recargar mi luz interior?**
  Reflexiona durante tres minutos sobre qué puedes hacer para despertar una sensación de paz, pasión o fuerza en tu interior.

  ____

  ____

  ____

  ____

- **¿En qué puedo centrar mi atención para animarme hoy?**
  Dedica tres minutos a pensar en una creencia reestructurada, una idea positiva o una afirmación optimista. Ponlo en práctica durante todo el día.

  ____

  ____

- **Escucha a tu ser luminoso.**
  Pregúntate con los ojos cerrados: «¿Qué tres palabras capturan mejor mi luz interior hoy?». Escribe esas palabras, porque contienen un significado profundo. Recuérdalas y llévalas contigo durante todo el día.

  ____

- **Explora las imágenes.**
  ¿Qué recuerdos o imágenes te vienen a la mente cuando piensas en esas palabras? Permite que estas reflexiones te conecten con tu luminosidad interior.

  ____

  ____

  ____

  ____

- **Establece tu intención.**
  Reafirma tu compromiso para alimentar y celebrar tu luz interior. Prométete que honrarás e irradiarás tu verdadera energía.

- **Libérate.**
  Libera cualquier distracción o negatividad residual y acepta por completo el ser radiante que eres.

Llega a tu centro de luz

Busca un espacio tranquilo y cómodo. Cierra los ojos y respira hondo tres veces. Permítete conectar con tu luz interior: tu fuerza, paz y centro de energía.

- **¿Qué estoy pensando ahora mismo?**
  Fíjate en los pensamientos que tienes con la intención de ser testigo de ellos, no de identificarte con ellos.

  ____

  ____

- **¿Cómo puedo recargar mi luz interior?**
  Reflexiona durante tres minutos sobre qué puedes hacer para despertar una sensación de paz, pasión o fuerza en tu interior.

  ____

  ____

  ____

  ____

- **¿En qué puedo centrar mi atención para animarme hoy?**
  Dedica tres minutos a pensar en una creencia reestructurada, una idea positiva o una afirmación optimista. Ponlo en práctica durante todo el día.

  ____

  ____

- **Escucha a tu ser luminoso.**
  Pregúntate con los ojos cerrados: «¿Qué tres palabras capturan mejor mi luz interior hoy?». Escribe esas palabras, porque contienen un significado profundo. Recuérdalas y llévalas contigo durante todo el día.

  ____

- **Explora las imágenes.**
  ¿Qué recuerdos o imágenes te vienen a la mente cuando piensas en esas palabras? Permite que estas reflexiones te conecten con tu luminosidad interior.

  ____

  ____

  ____

  ____

- **Establece tu intención.**
  Reafirma tu compromiso para alimentar y celebrar tu luz interior. Prométete que honrarás e irradiarás tu verdadera energía.

- **Libérate.**
  Libera cualquier distracción o negatividad residual y acepta por completo el ser radiante que eres.

Llega a tu centro de luz

Busca un espacio tranquilo y cómodo. Cierra los ojos y respira hondo tres veces. Permítete conectar con tu luz interior: tu fuerza, paz y centro de energía.

- **¿Qué estoy pensando ahora mismo?**
  Fíjate en los pensamientos que tienes con la intención de ser testigo de ellos, no de identificarte con ellos.

  ____

  ____

- **¿Cómo puedo recargar mi luz interior?**
  Reflexiona durante tres minutos sobre qué puedes hacer para despertar una sensación de paz, pasión o fuerza en tu interior.

  ____

  ____

  ____

  ____

- **¿En qué puedo centrar mi atención para animarme hoy?**
  Dedica tres minutos a pensar en una creencia reestructurada, una idea positiva o una afirmación optimista. Ponlo en práctica durante todo el día.

  ____

  ____

- **Escucha a tu ser luminoso.**
  Pregúntate con los ojos cerrados: «¿Qué tres palabras capturan mejor mi luz interior hoy?». Escribe esas palabras, porque contienen un significado profundo. Recuérdalas y llévalas contigo durante todo el día.

  ___

- **Explora las imágenes.**
  ¿Qué recuerdos o imágenes te vienen a la mente cuando piensas en esas palabras? Permite que estas reflexiones te conecten con tu luminosidad interior.

  ___

  ___

  ___

  ___

- **Establece tu intención.**
  Reafirma tu compromiso para alimentar y celebrar tu luz interior. Prométete que honrarás e irradiarás tu verdadera energía.

- **Libérate.**
  Libera cualquier distracción o negatividad residual y acepta por completo el ser radiante que eres.

Llega a tu centro de luz

Busca un espacio tranquilo y cómodo. Cierra los ojos y respira hondo tres veces. Permítete conectar con tu luz interior: tu fuerza, paz y centro de energía.

- **¿Qué estoy pensando ahora mismo?**
  Fíjate en los pensamientos que tienes con la intención de ser testigo de ellos, no de identificarte con ellos.

- **¿Cómo puedo recargar mi luz interior?**
  Reflexiona durante tres minutos sobre qué puedes hacer para despertar una sensación de paz, pasión o fuerza en tu interior.

- **¿En qué puedo centrar mi atención para animarme hoy?**
  Dedica tres minutos a pensar en una creencia reestructurada, una idea positiva o una afirmación optimista. Ponlo en práctica durante todo el día.

- **Escucha a tu ser luminoso.**
  Pregúntate con los ojos cerrados: «¿Qué tres palabras capturan mejor mi luz interior hoy?». Escribe esas palabras, porque contienen un significado profundo. Recuérdalas y llévalas contigo durante todo el día.

  ____

- **Explora las imágenes.**
  ¿Qué recuerdos o imágenes te vienen a la mente cuando piensas en esas palabras? Permite que estas reflexiones te conecten con tu luminosidad interior.

  ____

  ____

  ____

  ____

- **Establece tu intención.**
  Reafirma tu compromiso para alimentar y celebrar tu luz interior. Prométete que honrarás e irradiarás tu verdadera energía.

- **Libérate.**
  Libera cualquier distracción o negatividad residual y acepta por completo el ser radiante que eres.

Llega a tu centro de luz

Busca un espacio tranquilo y cómodo. Cierra los ojos y respira hondo tres veces. Permítete conectar con tu luz interior: tu fuerza, paz y centro de energía.

- **¿Qué estoy pensando ahora mismo?**
  Fíjate en los pensamientos que tienes con la intención de ser testigo de ellos, no de identificarte con ellos.

  ____

  ____

- **¿Cómo puedo recargar mi luz interior?**
  Reflexiona durante tres minutos sobre qué puedes hacer para despertar una sensación de paz, pasión o fuerza en tu interior.

  ____

  ____

  ____

  ____

- **¿En qué puedo centrar mi atención para animarme hoy?**
  Dedica tres minutos a pensar en una creencia reestructurada, una idea positiva o una afirmación optimista. Ponlo en práctica durante todo el día.

  ____

  ____

- **Escucha a tu ser luminoso.**
  Pregúntate con los ojos cerrados: «¿Qué tres palabras capturan mejor mi luz interior hoy?». Escribe esas palabras, porque contienen un significado profundo. Recuérdalas y llévalas contigo durante todo el día.

  ____

- **Explora las imágenes.**
  ¿Qué recuerdos o imágenes te vienen a la mente cuando piensas en esas palabras? Permite que estas reflexiones te conecten con tu luminosidad interior.

  ____

  ____

  ____

  ____

- **Establece tu intención.**
  Reafirma tu compromiso para alimentar y celebrar tu luz interior. Prométete que honrarás e irradiarás tu verdadera energía.

- **Libérate.**
  Libera cualquier distracción o negatividad residual y acepta por completo el ser radiante que eres.

Llega a tu centro de luz

Busca un espacio tranquilo y cómodo. Cierra los ojos y respira hondo tres veces. Permítete conectar con tu luz interior: tu fuerza, paz y centro de energía.

- **¿Qué estoy pensando ahora mismo?**
  Fíjate en los pensamientos que tienes con la intención de ser testigo de ellos, no de identificarte con ellos.

  ____

  ____

- **¿Cómo puedo recargar mi luz interior?**
  Reflexiona durante tres minutos sobre qué puedes hacer para despertar una sensación de paz, pasión o fuerza en tu interior.

  ____

  ____

  ____

  ____

- **¿En qué puedo centrar mi atención para animarme hoy?**
  Dedica tres minutos a pensar en una creencia reestructurada, una idea positiva o una afirmación optimista. Ponlo en práctica durante todo el día.

  ____

  ____

- **Escucha a tu ser luminoso.**
  Pregúntate con los ojos cerrados: «¿Qué tres palabras capturan mejor mi luz interior hoy?». Escribe esas palabras, porque contienen un significado profundo. Recuérdalas y llévalas contigo durante todo el día.

  ____

- **Explora las imágenes.**
  ¿Qué recuerdos o imágenes te vienen a la mente cuando piensas en esas palabras? Permite que estas reflexiones te conecten con tu luminosidad interior.

  ____

  ____

  ____

  ____

- **Establece tu intención.**
  Reafirma tu compromiso para alimentar y celebrar tu luz interior. Prométete que honrarás e irradiarás tu verdadera energía.

- **Libérate.**
  Libera cualquier distracción o negatividad residual y acepta por completo el ser radiante que eres.

Llega a tu centro de luz

Busca un espacio tranquilo y cómodo. Cierra los ojos y respira hondo tres veces. Permítete conectar con tu luz interior: tu fuerza, paz y centro de energía.

- **¿Qué estoy pensando ahora mismo?**
  Fíjate en los pensamientos que tienes con la intención de ser testigo de ellos, no de identificarte con ellos.

  ____

  ____

- **¿Cómo puedo recargar mi luz interior?**
  Reflexiona durante tres minutos sobre qué puedes hacer para despertar una sensación de paz, pasión o fuerza en tu interior.

  ____

  ____

  ____

  ____

- **¿En qué puedo centrar mi atención para animarme hoy?**
  Dedica tres minutos a pensar en una creencia reestructurada, una idea positiva o una afirmación optimista. Ponlo en práctica durante todo el día.

  ____

  ____

- **Escucha a tu ser luminoso.**
  Pregúntate con los ojos cerrados: «¿Qué tres palabras capturan mejor mi luz interior hoy?». Escribe esas palabras, porque contienen un significado profundo. Recuérdalas y llévalas contigo durante todo el día.

  ____

- **Explora las imágenes.**
  ¿Qué recuerdos o imágenes te vienen a la mente cuando piensas en esas palabras? Permite que estas reflexiones te conecten con tu luminosidad interior.

  ____

  ____

  ____

  ____

- **Establece tu intención.**
  Reafirma tu compromiso para alimentar y celebrar tu luz interior. Prométete que honrarás e irradiarás tu verdadera energía.

- **Libérate.**
  Libera cualquier distracción o negatividad residual y acepta por completo el ser radiante que eres.

Llega a tu centro de luz

Busca un espacio tranquilo y cómodo. Cierra los ojos y respira hondo tres veces. Permítete conectar con tu luz interior: tu fuerza, paz y centro de energía.

- **¿Qué estoy pensando ahora mismo?**
  Fíjate en los pensamientos que tienes con la intención de ser testigo de ellos, no de identificarte con ellos.

  ____

  ____

- **¿Cómo puedo recargar mi luz interior?**
  Reflexiona durante tres minutos sobre qué puedes hacer para despertar una sensación de paz, pasión o fuerza en tu interior.

  ____

  ____

  ____

  ____

- **¿En qué puedo centrar mi atención para animarme hoy?**
  Dedica tres minutos a pensar en una creencia reestructurada, una idea positiva o una afirmación optimista. Ponlo en práctica durante todo el día.

  ____

  ____

- **Escucha a tu ser luminoso.**
  Pregúntate con los ojos cerrados: «¿Qué tres palabras capturan mejor mi luz interior hoy?». Escribe esas palabras, porque contienen un significado profundo. Recuérdalas y llévalas contigo durante todo el día.

  ____

- **Explora las imágenes.**
  ¿Qué recuerdos o imágenes te vienen a la mente cuando piensas en esas palabras? Permite que estas reflexiones te conecten con tu luminosidad interior.

  ____

  ____

  ____

  ____

- **Establece tu intención.**
  Reafirma tu compromiso para alimentar y celebrar tu luz interior. Prométete que honrarás e irradiarás tu verdadera energía.

- **Libérate.**
  Libera cualquier distracción o negatividad residual y acepta por completo el ser radiante que eres.

Llega a tu centro de luz

Busca un espacio tranquilo y cómodo. Cierra los ojos y respira hondo tres veces. Permítete conectar con tu luz interior: tu fuerza, paz y centro de energía.

- **¿Qué estoy pensando ahora mismo?**
  Fíjate en los pensamientos que tienes con la intención de ser testigo de ellos, no de identificarte con ellos.

  ____

  ____

- **¿Cómo puedo recargar mi luz interior?**
  Reflexiona durante tres minutos sobre qué puedes hacer para despertar una sensación de paz, pasión o fuerza en tu interior.

  ____

  ____

  ____

  ____

- **¿En qué puedo centrar mi atención para animarme hoy?**
  Dedica tres minutos a pensar en una creencia reestructurada, una idea positiva o una afirmación optimista. Ponlo en práctica durante todo el día.

  ____

  ____

- **Escucha a tu ser luminoso.**
  Pregúntate con los ojos cerrados: «¿Qué tres palabras capturan mejor mi luz interior hoy?». Escribe esas palabras, porque contienen un significado profundo. Recuérdalas y llévalas contigo durante todo el día.

  ____

- **Explora las imágenes.**
  ¿Qué recuerdos o imágenes te vienen a la mente cuando piensas en esas palabras? Permite que estas reflexiones te conecten con tu luminosidad interior.

  ____

  ____

  ____

  ____

- **Establece tu intención.**
  Reafirma tu compromiso para alimentar y celebrar tu luz interior. Prométete que honrarás e irradiarás tu verdadera energía.

- **Libérate.**
  Libera cualquier distracción o negatividad residual y acepta por completo el ser radiante que eres.

Recursos

Aplicación Zenfulnote: Es una aplicación de autodescubrimiento que ofrece herramientas para registrar los detonantes emocionales, los destellos y los estados de ánimo. Te brinda consignas para tu diario, ejercicios terapéuticos, meditaciones y materiales de aprendizaje que giran en torno a la autosanación, el trabajo con la sombra y el crecimiento interior.

Teléfono de asistencia NAMI: Una línea telefónica gratuita que ofrece información sobre la salud mental, recursos y alguien que te escucha. Llama al 1-800-950-NAMI (6264) o escribe NAMI al 62640 (en Estados Unidos).

Teléfono de asistencia para prevención de crisis y suicidios: Llama o escribe al 988 para una línea de asistencia gratuita y confidencial durante una crisis de salud mental o suicida (en Estados Unidos).

7 Cups: Ofrece apoyo emocional gratuito a través de oyentes voluntarios, y también terapia profesional de bajo coste.

Servicio de apoyo por mensaje de texto: Ofrece apoyo emocional las veinticuatro horas, todos los días del año. Envía HOME al 741741 para conectar con un terapeuta capacitado (en Estados Unidos).

Blackline®: Apoyo grupal, terapia para prevención de crisis y un espacio positivo que prioriza a los afroamericanos, indígenas o personas de color desde una perspectiva femenina, negra y LGTBQ+. Llama o escribe al 1-800-604-5841 (en Estados Unidos).

The Loveland Foundation: Proporciona recursos para la salud mental y apoyo económico para tratamientos, centrándose en niñas y mujeres afroamericanas.

BEAM (Black Emotional and Mental Health Collective) (Colectivo para la salud emocional y mental de los afroamericanos): Ofrece educación, formación y apoyo de la salud mental centrados en las comunidades afroamericanas.

Alianza nacional para la salud de los hispanos: Ofrece recursos para la salud y el bienestar mental de las comunidades hispanas y latinas, incluyendo materiales y servicios bilingües.

NAMI Compartiendo Esperanza: Un programa que proporciona educación sobre la salud mental, apoyo y narrativas específicas para las comunidades hispanas y latinas.

La Clínica del Pueblo: Servicio bilingüe de salud y bienestar mental para las comunidades hispanas e inmigrantes (especialmente en el área de Washington, D. C., con enlaces de recursos por todo Estados Unidos).

El proyecto Trevor: Intervención para prevenir crisis y suicidios para los jóvenes LGTBQ+. Llama al 1-866-488-7386 o escribe TREVOR al 1-202-304-1200 (en Estados Unidos).

Línea de asistencia nacional SAMHSA: Una línea de asistencia para la derivación de tratamientos e información sobre salud mental para individuos y familias. Llama al 1-877-726-4727 (en Estados Unidos).

Línea de asistencia a comunidades indígenas StrongHearts: Apoyo cultural formado para las personas nativas americanas o nativas de Alaska que sufren violencia doméstica o sexual. Llama o escribe al 1-844-762-8483 (en Estados Unidos).

DESCARGA *la* APLICACIÓN ZENFULNOTE

ESCANEA AQUÍ

DONDE LA TECNOLOGÍA SE UNE A LA TRANSFORMACIÓN INTERIOR

- Registra los detonantes y los destellos
- Conecta con tus sentimientos
- Localiza tus sombras
- Consignas para tu diario
- Ejercicios y meditaciones